V-2451-2016
ISBN: 978-84-942689-9-1

Impreso en Imprenta Romeu, S.L.
Calle 21, número 100, 46470 Catarroja, Valencia.

Impreso en papel proveniente de bosques gestionados de manera responsable, certificado con la Etiqueta Ecológica Europea. EU Ecolabel: FR/011/003 y la etiqueta Ángel Azul.

ALEJANDRO MARTÍNEZ ABRAÍN

EL LENGUAJE DE LA BIOSFERA

*Treinta pistas para descubrir la naturaleza
y el papel del ser humano en ella*

*A mi madre, a quien debo todo,
aunque ella ya no lo sepa.*

*A Valencia, Mallorca y Galicia,
por acogerme y mostrarme sus secretos.*

Índice General

CUARTA PARTE: CONSERVACIÓN

PRESENTACIÓN

Elemental, querido Alejandro

Este libro contiene nuevos y sugerentes casos de *El Detective Ecológico* que, un mes sí y otro también, se asoma a las páginas de la revista *Quercus*. Alejandro Martínez Abraín lleva ya la friolera de ocho años como colaborador y más de ochenta artículos publicados. Las primeras cincuenta entregas fueron recopiladas en un primer libro de Rodeno que lleva por subtítulo *Reflexiones sobre Historia Natural*. Este segundo contiene otros treinta artículos, de junio de 2010 a septiembre de 2016, y se subtitula *Treinta pistas para descubrir la naturaleza y el papel del ser humano en ella*. Para mí es un orgullo que las pesquisas de Alejandro tengan una segunda oportunidad en forma de libro, señal de su perspicacia para resolver los enigmas que ha ido planteando. Todos ellos, como es lógico, tienen que ver con cuanto nos rodea, con la biodiversidad y con la historia evolutiva, con la vida misma, que a veces ofrece perfiles engañosos. Ha costado siglos desenredar la madeja de lo aparente y aún quedan muchos misterios por resolver. De ahí que la profesión de detective ecológico tenga el futuro garantizado. Lo digo con conocimiento de causa, pues Alejandro es uno de los colaboradores fijos de *Quercus* que mejor abastecida mantiene nuestra despensa con temas pendientes de publicar. Más que perseguirle para que entregue sus artículos, hay que convencerle de que no nos inunde con ellos. Siempre tiene algún caso entre manos y cada vez que sale al campo se tropieza con nuevas pistas que le llevan a poner en marcha esas pequeñas células grises que con tanto ingenio utilizaron Poirot, Holmes y otros ilustres antecesores.

Las secciones fijas de una revista mensual suelen tener un recorrido limitado. No es el caso de *Quercus*. En lugar de desgastarse, de agotar su combustible, las nuestras parecen reforzarse con el tiempo. De ahí que muchas de ellas hayan alcanzado un volumen suficiente para convertirse en libros. Elemental, dada la amplitud del campo que pretenden cubrir. Primero fue la sección de jardinería con plantas autóctonas, luego la de comportamiento animal y ahora les llega el turno a las tribunas de Alejandro Martínez Abraín, Santos Casado y Joan Mayol. ¿Quién nos dice que en el futuro no pasará lo mismo con las recientes secciones sobre Paleontología e interpretación de huellas y rastros?

He de agradecer a Nacho Ruiz, propietario de Rodeno y fiel seguidor de *Quercus*, que haya tenido la valentía de lanzar al mercado editorial estas recientes recopilaciones de artículos detectivescos. No es fácil en los tiempos que corren, dado que lo impreso parece algo caduco y falto de interés. La doble publicación de unos mismos textos indica precisamente lo contrario, que son dignos de conservarse en dos soportes hoy en día cuestionados. El contenido es importante, qué duda cabe, pero la obra impresa le confiere un realce, una perdurabilidad y un rigor que todavía no han alcanzado las publicaciones virtuales. ¡Sumérjanse en los casos de *El Detective Ecológico* y verán la realidad con otros ojos!

Rafael Serra
Director de *Quercus*

PRÓLOGO

"El que sabe que no sabe, es un hombre sano.
El que pretende saber, tiene su mente enferma"
Lao Tse (atribuido)

Es bien conocido que la primera definición formal de la Ecología como ciencia se la debemos al zoólogo y evolucionista alemán Ernst Haeckel, quien en 1870 escribió que "por ecología entendemos el cuerpo de conocimientos referido a la economía de la naturaleza —la investigación de todas las relaciones del animal con su entorno orgánico e inorgánico, incluyendo sobre todo sus relaciones beneficiosas y perjudiciales con todos aquellos animales y plantas con los cuales entra en contacto directo e indirecto— en una palabra, Ecología es el estudio de todas las interrelaciones complejas a las que se refería Darwin como "condiciones para la lucha por la existencia". Bastante menos conocido es que el pensamiento que hoy denominaríamos "ecológico" es muy anterior a la definición de Ecología por Haeckel, que en realidad representó tan solo una feliz cristalización de conceptos e ideas que habían venido desarrollándose y madurando durante los cien años precedentes. Me refiero sobre todo a las dos nociones principales cuya fusión hizo nacer la Ecología moderna, reconocidas como tales por Haeckel desde el mismo momento en que la bautizó como nueva disciplina. Las he resaltado en letra cursiva en su definición: "*economía de la naturaleza*" y "*condiciones para la lucha por la existencia*".

La noción de "*economía de la naturaleza*" ha sido usada en contextos muy heterogéneos y definida de maneras muy diferentes, pero en lo que atañe a la ciencia ecológica, la acepción más comúnmente empleada no ha variado demasiado desde que fuera propuesta por primera vez a mediados del siglo XVIII por el naturalista sueco Carl Linnaeus, conocido sobre todo por ser el inventor del sistema binomial de nomenclatura de los seres vivos que aún sigue vigente en nuestros días. En la tesis titulada *Oeconomia Naturae* aparecida en

1749, Linnaeus ofreció una visión pionera del funcionamiento de los sistemas naturales. Para él, la economía de la naturaleza es "la sabia organización por parte del Creador de las cosas naturales de tal forma que resultan en fines generales y utilidad recíproca." La obra *Oeconomia Naturae* gira alrededor del destino de los individuos, de los procesos fundamentales en el ciclo de la vida: nacimiento, mantenimiento y finalmente destrucción. Se destaca también el hecho de que los procesos naturales siguen un cierto orden. Cada estadio sucesivo depende del anterior y en su conjunto esos procesos crean un flujo de materia a través de la naturaleza de modo que todo está conectado y nada realmente se pierde. Un árbol muerto no se desaprovecha, sino que es colonizado y finalmente eliminado por la actuación sucesiva de criaturas como hongos, escarabajos, larvas y aves. En sus propias palabras, "la muerte y destrucción de una cosa siempre está al servicio de la restitución de otra", de tal modo que cuando muere un vegetal "la tierra después ofrece a otras plantas lo que recibió de ellas." El hecho de que distintos tipos de insectos pongan sus huevos sobre diferentes plantas o que distintas partes de una misma planta sean atacadas por diferentes tipos de insectos, eran también para Linnaeus ejemplos del orden inherente que subyace a la economía de la naturaleza, donde cada tipo de organismo tiene su propia función especial. Casi cien años después de la publicación de *Oeconomia Naturae*, la expresión "economía de la naturaleza" aparecía con frecuencia en los cuadernos de Charles Darwin, en los que fue recogiendo el desarrollo de sus ideas hasta llegar a la formulación de su teoría de la evolución mediante selección natural. En particular, las concepciones ecológicas linneanas jugaron un papel importante en el desarrollo de su "principio de divergencia", que postulaba los mecanismos básicos creadores de diversidad de formas biológicas en un escenario de "lucha por la existencia". Para Darwin, por ejemplo, una "adaptación lo es en relación a un lugar en la economía de la naturaleza" y "la divergencia [entre formas biológicas] rellena posiciones en la economía de la naturaleza." Como Haeckel era un entusiasta seguidor de la obra de Darwin, no debe extrañarnos que en la primera definición de esa ciencia nueva que llamó Ecología asociase evolución y economía de la naturaleza con tanta naturalidad. Siglo y medio después, ambas ideas siguen estrechamente asociadas a la ciencia ecológica y, curiosamente, el libro de texto de ecología posiblemente más popular, cuyo autor es Robert Ricklefs y que lleva siete ediciones desde 1976, se titula precisamente *The Economy of Nature*.

En este libro, segunda recopilación de las entregas mensuales que nos ofrece la sección *El Detective Ecológico* de la revista *Quercus*, el lector encontrará un nuevo caleidoscopio de miradas y aproximaciones a la economía de la naturaleza, elaboradas siempre con la característica mirada inquisitiva, entusiasmada y seductoramente escéptica de su autor. Las escalas consideradas son muy amplias, abarcando desde las moléculas esenciales para la construcción de los seres vivos hasta el papel que los atavismos de la arquitectura cerebral de la especie humana pueden jugar en el comportamiento hacia nuestros semejantes, pasando por las enrevesadas interacciones no lineales que regulan el tamaño de las poblaciones, las complejidades derivadas de la gestión de las poblaciones naturales o el sentido ecológico que podemos encontrar en los productos expuestos en una tienda de comestibles. Como en la anterior recopilación, por encima de la aparente heterogeneidad temática planea una unidad de planteamiento, una similitud en cuanto a las características del juego observación-pregunta-respuesta que nos propone el autor y que realmente otorgan unidad a partes aparentemente muy dispares. Fiel a las raíces históricas del adjetivo que incorpora en su título, en sintonía con la práctica empírica que llevaron a Linnaeus primero y a Darwin después a sentar las bases de la ecología actual, las indagaciones de *El Detective Ecológico* nacen de la observación directa de un fenómeno o un organismo, no de una especulación más o menos abstracta o académica. Se trata casi siempre de observaciones que cualquiera puede hacer durante un paseo por un bosque, la orilla de un río o el borde del mar. Sobre esta base, el autor comparte primero con el lector una o más preguntas para ofrece después posibles respuestas cimentadas en lo que sabemos de los procesos ecológicos y evolutivos. A mi juicio, sin embargo, resulta siempre más interesante cuando lo que se nos ofrece son especulaciones e incertidumbres, cuando El Detective nos dice que no conocemos todas las respuestas, ni siquiera todas las preguntas. Aunque te parezca que sabes mucho sobre los seres vivos y la naturaleza en general, la lectura de esta colección de textos te descubrirá rincones que nunca antes has visitado, te mostrará un sinfín de enigmáticos problemas sin resolver que te harán replantearte tu nivel de conocimientos y te proporcionará ocasiones para la reflexión y la reconsideración de alguna que otra idea que creías incuestionable. Parafraseando a Lao Tse, ese ejercicio contribuirá a hacerte una persona mentalmente más sana, un poco más consciente de la astronómica dimensión del desconocimiento que como especie compartimos acerca del mundo que nos rodea.

Carlos M. Herrera

INTRODUCCIÓN

Ciencia emotiva, ciencia creativa

En su obra "Del sentimiento trágico de la vida en los hombres y en los pueblos", Miguel de Unamuno decía, probablemente inspirado por Nietzsche, que esta civilización nuestra está produciendo conocimiento sin parar, pero que esos avances afectan poco a nuestras vidas, a la visión que tiene del mundo el común de los mortales.

En el año 2013 Martín López Corredoira, astrofísico y filósofo del Instituto de Astrofísica de Canarias, escribió un libro titulado *The twilight of the scientific age* (La decadencia de la era científica) inspirado en el pensamiento de Unamuno (1). Corredoira razona en su ensayo que, a pesar de vivir en la época en la que más recursos se dedica a la investigación y a las artes, no se acaban de producir grandes innovaciones. Venimos de un pasado de enormes avances científicos, con Newton, Maxwell, Darwin y Einstein, pero ahora las aportaciones de los científicos son simples matizaciones de los grandes temas descubiertos en el pasado, hechas a expensas de un considerable coste económico, en comparación con lo que se invertía hace un siglo. A unos gastos más elevados corresponden, paradójicamente, resultados de menor calibre. Este declive de la ciencia, pero también de la filosofía y de las artes, se enmarcaría, para López Corredoira, dentro de la decadencia de nuestra civilización actual y una de sus principales causas es el desapasionamiento.

Ciencia de producción industrial

Cuando uno hace algo con pasión se nota en el producto final. La magdalena cocinada con amor no sabe igual que la industrial: los huevos están batidos con más calma, el azúcar se añade con mesura y el tiempo de cocción se ajusta al paladar humano. Lo mismo puede aplicarse a las creaciones intelectuales. Un estudio hecho con ilusión sale necesariamente mejor. ¿Por qué? Porque no se escatiman esfuerzos, porque se replica todo lo necesario, porque se analizan y reanalizan los datos con detenimiento y se presentan los resultados con la intención real de contribuir a la mejora del conocimiento, no sólo para engrosar el *curriculum* del autor.

Hemos llegado hasta esa situación porque la ciencia se ha institucionalizado y ahora padece todos los males típicos (básicamente un esclerosis aguda) de la burocracia. Como dice Corredoira, la ciencia se ha convertido en una nueva iglesia, aunque no tenga nada que ver con la religión.

Conocimiento sin emoción: ¿qué debemos cambiar?

Si la ciencia no otorga ya sentido a la vida de la gente, habrá que cambiar algo para evitar que se abandone por inservible, excepto en su vertiente más técnica, la de producir aparatejos y cachivaches. Si la sociedad está saturada de bits, de conocimiento, pero sigue igual de desorientada que antes, algo tendremos que corregir. Escribo esto desde el convencimiento absoluto de que la ciencia puede brindar mucho sentido a la vida de las personas, siempre y cuando no las saturemos de información, sino de ganas de aprender por ellas mismas. Siempre y cuando nos limitemos a mostrar la capacidad de este método de exploración del mundo para ayudarnos en nuestro día a día. Siempre y cuando la transmitamos tocando a la vez la fibra emotiva y la racional.

¡Ojo! Esto último es importante: nuestro reciente cerebro pensante (el neocórtex) no sólo cabalga sobre partes muchísimo más antiguas (el tronco encefálico, el cerebelo, el hipotálamo, el tálamo, la amigdala) sino que interactúa con ellas de forma compleja y profunda (2). La conciencia y el raciocinio, el proceso por el cual el cerebro es capaz de estudiarse a sí mismo, no serían posibles sin la cooperación entre los elementos antiguos y recientes de nuestro sistema nervioso central (3). Por eso es absurdo, antinatural y contraproducente separar la emotividad de la racionalidad. Simplemente, la naturaleza no funciona así. Las personas con problemas de emotividad aprenden peor. Los niños deben aprender jugando, divirtiéndose, estando alegres. Si todo fuera como debe, los infantes pedirían por favor a sus padres que les dejasen ir a las escuelas cada mañana. Es tan artificial esta separación entre emoción y razón como la de las artes y las ciencias, como la del cerebro y el cuerpo. El científico puede encontrar la tranquilidad que necesita para su creativo pensamiento en una sinfonía musical o en la contemplación de un cuadro, de una escultura o de un ballet que le confiere bienestar sin saber por qué. El artista plástico puede inspirarse a su vez para sus creaciones en la estructura de una molécula orgánica. ¿Acaso no hay una enorme belleza en la intricada maraña y en la disposición de átomos y enlaces de una macromolécula? La hay, y mucha. Es la belleza de la propia naturaleza a escala microscópica. La belleza de un enlace covalente en el que un par de electrones son compartidos entre dos núcleos atómicos.

Ciencia y poesía

Otra manera de mejorar podría consistir en fomentar el conocimiento de disciplinas distintas a las que uno ya domina. La cantidad de conocimiento disponible hoy en día ha llevado a la especialización total. Hay médicos expertos en la parte delantera del ojo (córnea, cristalino, iris, pupila, conjuntiva) que no saben gran cosa sobre los avances en el estudio de la parte trasera (retina, fóvea, nervio óptico). Y no digo nada sobre los avances en el estudio del hígado, el pulmón o la rodilla. Aunque hoy en día sea necesario ahondar en un tema y especializarse, eso no debería exigir el abandono de una visión general del objeto de estudio. No sólo porque hay interacciones múltiples e insospechadas entre partes aparentemente distantes, sino por la propia satisfacción del estudioso como persona, al margen de su labor profesional. La persona es lo que cuenta.

Entroncando con una idea que ya he expuesto con anterioridad (4), es posible renunciar a la ciencia sin que todo colapse. Como nos recuerda López Corredoira, hay civilizaciones que han vivido y aún viven sin ella; y otras que la abandonaron después de haberla tenido, como la nuestra durante la Edad Media, que relegó el florecimiento de la Grecia clásica a los *scriptorium* de los monasterios. Lo que la ciencia nos proporciona es, sobre todo, una nueva capa de belleza, una manera más rica de relacionarnos con la biosfera y con el cosmos, de entender nuestro lugar en el mundo y, por tanto, una forma mejor de relacionarnos con nuestros semejantes, con el resto de las formas vivas y con la gea. El valor de la ciencia es tan grande como el de la poesía. Si no la valoras no pasa nada, nadie se muere por una carencia de hálito poético. Pero si la incorporas a tu vida, ganas una barbaridad en valores propiamente humanos.

Detener el declive de nuestra civilización

Así pues, está en nuestras manos detener la decadencia de Occidente. Lo cual no depende, por cierto, de que la macroeconomía crezca sin cesar. La tan manida "pérdida de valores" es la verdadera clave, pero esa desgastada expresión nada tiene que ver con las morales religiosas. Los valores perdidos son aquellos que relacionaban emociones y conocimiento. Obviamente, los recursos económicos son importantes. Sí, para ser abordadas, mis preguntas requieren el concurso de la genética, necesitaré dinero para pagar unos reactivos muy caros. No quiero dar la impresión de que podemos hacer ciencia sin recursos, porque sería una idea falsa e ilusoria. Pero sí quiero destacar que la ciencia, las artes y la filosofía saldrían mejor cocinadas del horno si vinieran cargadas de esa pasión perdida, extremo en el que tanto incide E.O. Wilson (5). Hemos democratizado la ciencia, antaño sólo al alcance de la aristocracia, lo cual es buena cosa. Pero hemos de tener cuidado de no convertirnos en un ejército de soldaditos al servicio de la industria de la producción científica. La ciencia no se rige por los mismos procesos que el mundo industrial. Puedes estar veinte años trabajando en algo (digamos, en conseguir una vacuna eficaz) sin éxito o tener la suerte de alcanzar tu objetivo en breve plazo, o incluso encontrar por el camino un descubrimiento inesperado, como tantas veces ha sucedido en la historia de la ciencia, donde interviene la serendipia, la casualidad afortunada. Para que estos eventos impredecibles sucedan es condición necesaria (aunque no suficiente) tener a mucha gente trabajando en condiciones materiales adecuadas.

La condición que falta es promover la motivación, la pasión que emanaba de Santiago Ramón y Cajal (6) por descubrir los secretos del cerebro, y para eso debe cesar la manera actual de medir los méritos según el número de publicaciones o por los índices de impacto. Bastaría con clausurar el ineficaz sistema de plazas permanentes y promover el contrato de los investigadores con evaluaciones del progreso de su investigación cada cierto número de años. Eso acabaría con la angustia vital de muchos aspirantes a científico (que lleva incluso a notorios casos de fraude), debida a la gran incertidumbre que acosa a quienes hoy persiguen una carrera científica, y mejoraría notablemente la calidad de la ciencia al eliminar la actual presión por conseguir resultados espectaculares con rapidez, uno tras otro, sin cesar.

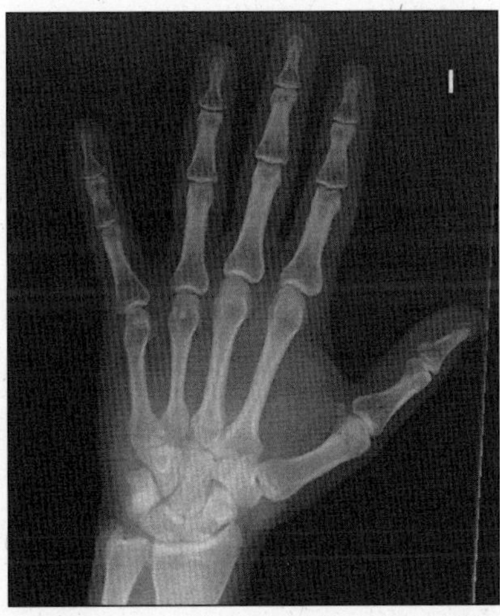

Radiografía de la mano del autor. Hay belleza en la estructura interna de una mano. Sentimientos y raciocinio han de cabalgar juntos en busca del conocimiento. Las mejores innovaciones vienen de mentes apasionadas. Foto: Hospital Son Espases (Palma de Mallorca)

PRIMERA PARTE: GEO - BIO

Geo-bio: la síntesis olvidada

Las innovaciones más valiosas para la ciencia —y para el conocimiento humano— suelen surgir de la síntesis entre disciplinas, igual que las caras humanas más exóticas surgen de parejas de distinta procedencia. La físico-química traza puentes entre dos campos anudados y aporta una manera de entender la química desde sus raíces atómicas y moleculares. La bio-física nos habla de las limitaciones físicas de la biología. Edward O. Wilson relacionó la biología de los insectos sociales, con la sociología humana haciéndonos entender mejor nuestro comportamiento. Ramón Margalef sintetizó la teoría de la información y la ecología para medir la diversidad de especies de las comunidades biológicas.

A los botánicos no se les pasó por alto la íntima relación entre la geología y las plantas. Prueba de ello son los buenos tratados sobre fitosociología redactados desde una perspectiva geobotánica (1). Hay plantas que sólo crecen bien en determinados tipos de suelo, ya sean rocas sedimentarias (calizas), ígneas (granitos) o metamórficas (cuarcitas). Del mismo modo, el relieve determina las gradaciones de la vegetación en altura y la hidrogeología determina que los bosques de ribera se encajen en las redes fluviales. Los estudiosos del mundo animal, sin embargo, han tenido mucho menos en cuenta la interacción entre fauna y gea.

Acantilados y fauna rupícola

Entre las aves, que es el grupo zoológico que me resulta más familiar, hay especies que son habitantes comunes de los acantilados, sea cual sea su origen geológico: frentes de cabalgamiento, fallas o cañones formados por disolución. Un caso muy notorio es, por ejemplo, el de los vencejos. Estas aves son auténticas máquinas de volar y prácticamente ápodas, como indica el nombre del orden al que pertenecen: Apodiformes. De hecho, son parientes cercanos de los colibríes, que también son prácticamente ápodos. Lo vencejos tienen enormes dificultades por moverse en tierra firme y necesitan criar en lugares altos desde donde puedan dejarse caer para retomar el vuelo. Algunas especies, como el vencejo común, han sido lo suficientemente plásticas como para sustituir los acantilados de roca por las paredes de las casas e incluso los huecos de las palmeras. Pero incluso en los vencejos urbanos queda patente el peso de los cantiles de roca en la evolución de su reclamo, pues se aprovechan del efecto eco o cámara de resonancia de acantilados y cuevas para hacerse oír. No es casualidad, por tanto, que pasen chillando por las calles de nuestros pueblos y ciudades (que resuenan igual que los acantilados), ya que la comunicación en esta especie tan social se ve muy favorecida por el efecto del sonido amplificado. Algo similar ocurre en las selvas húmedas, donde muchas aves tienen reclamos y cantos espectaculares que se transmiten a larga distancia gracias a la alta humedad relativa del aire. El entorno también explica en parte la preciosa coloración de su plumaje, ya que pueden permitírselo gracias a la abundante comida y, por otro lado, a la escasa luz que atraviesa el dosel arbóreo que no daña los pigmentos de sus plumas. Algo que sería impensable, por ejemplo, en las aves esteparias. Otras muchas aves también dependen de los acantilados de forma más o menos obligada, como treparriscos, gorriones chillones, aviones zapadores y abejarucos. No es difícil pensar en nuevos ejemplos de organismos que, como algunas plantas, viven óptimamente en los acantilados.

Escenarios cambiantes y nomadismo

Un ambiente muy distinto a los acantilados es el de los campos de dunas asociados a los deltas fluviales, aunque tienen en común lo cambiante de su naturaleza. Los acantilados están sujetos a erosión, aunque normalmente no se produce de manera gradual sino puntuada, de golpe, mediante avalanchas masivas debidas a la gelifracción o a movimientos sísmicos. Los medios cambiantes seguramente fuerzan a sus habitantes a que sean nómadas y estén dispuestos a trasladar sus colonias de cría cada cierto tiempo. También les ocurre a las aves propias de los sistemas dunares, ambiente cambiante como pocos a causa del viento y los temporales marinos. En este grupo se encuentran muchas gaviotas, capaces de instalar sus colonias en otro sitio al margen de si criaron bien o no durante la temporada anterior (2). La gaviota de Audouin, por ejemplo, nos engañó durante mucho tiempo al criar en pequeños islotes mediterráneos. El paso de los años ha dejado bien claro que se trata de un ave propia de medios cambiantes, como los deltas fluviales, lo que se refleja es su nomadismo, algo impropio de una especie de medios tan estables como las islas. Otro argumento de peso es la ausencia de restos fósiles de gaviotas —de ninguna gaviota— en los yacimientos de aves de las grandes islas mediterráneas. Las gaviotas de Audouin se refugiaron en islotes sencillamente porque la costa ya la habíamos invadido nosotros. Es más, en cuanto encuentran un lugar mínimamente tranquilo en las costas continentales, allá que se dirigen. Prueba de ello es la formación de la colonia más numerosa del mundo en el delta del Ebro, tras cerrar el paso a la Punta de la Banya y eliminar el ganado vacuno que allí pastaba (aunque quizás ahora sería ya hora de volver a reintroducirlo temporalmente para controlar la vegetación si el objetivo es seguir teniendo grandes colonias de larolimícolas). Otro ejemplo es su reciente colonización de varios puertos, como los de Sant Carles de la Ràpita y Tarragona, el Grao de Castellón o la mismísima zona franca del puerto de Barcelona. La variedad de recursos alimenticios (pesca propia, descartes pesqueros, arrozales, playas, zonas húmedas) es sin duda mucho más atractiva para estas aves que la pobreza de los islotes alejados de la costa.

Formaciones kársticas y vida troglodita

En los relieves calizos de nuestra geografía, el agua de lluvia ligeramente ácida (que se vuelve aún más ácida cuando atraviesa el perfil superficial del suelo) genera complejas formas de erosión y deposición, ya sea exo o endokárstica. Las formaciones endokársticas, como las cuevas, tienen una especial relevancia biológica ya que son equivalentes a islas y en ellas tienen lugar procesos micro y macro-evolutivos muy particulares. A partir de formas marinas pioneras, que terminan por colonizar acuíferos y cursos de agua dulce, se desencadenan procesos de pérdida de pigmentación o incluso de órganos enteros como los ojos. Una evolución que no se puede considerar realmente regresiva (como la que seguiría la fauna doméstica en ausencia de selección artificial) ya que no se dirige hacia el plan corporal de los ancestros. Una evolución más bien que debe proceder activando o desactivando genes durante el desarrollo, como respuesta económica a las nuevas condiciones ambientales en las que el desencadenante es la "ausencia de" componentes ambientales (de luz, de depredadores) en lugar de la "presencia de", con consecuencias heredables. La epigenética probablemente tenga mucho que decir en el futuro al respecto de estos cambios.

Las cuevas suelen desarrollar estalactitas y estalagmitas, espeleotemas que a veces confluyen formando columnas. Siempre me ha resultado curioso que las cuevas construyan, por mera casualidad, sus propios pilares de soporte, lo que probablemente contribuya a que perduren más en el tiempo y con ellas los organismos que las habitan. Caso, por ejemplo, de las colonias de murciélagos cavernícolas. De todos modos, las cuevas son sistemas dinámicos y cambiantes, cuya evolución espontánea lleva irremediablemente al colapso a la larga. Los seres vivos que las pueblan han de contar necesariamente con medios de dispersión activa o pasiva para colonizar nuevos ambientes a medida que desaparecen los anteriores. La geología propia del karst calizo impone, por tanto, una serie de condicionantes para que la fauna persista a largo plazo.

Acuíferos detríticos y humedales costeros

Las rocas calizas de las que hablaba antes son como quesos permeables que permiten la acumulación de agua en embalses subterráneos. Muchas veces acaban dando lugar a acuíferos detríticos, cuando las rocas se disgregan y quedan a merced de la erosión. Los fragmentos resultantes se acumulan por gravedad en depresiones tectónicas (graben) que se rellenan con el tiempo de materiales generados por la erosión y la meteorización. En estas zonas planas el nivel del agua se encuentra muy cerca de la superficie, por lo que tienen un gran interés agrícola, o bien aflora en forma de ojos o manantiales que generan amplias zonas encharcadas sobre suelos poco permeables. Este es el origen de muchos de nuestros humedales costeros y poco hay que añadir sobre la diversidad y abundancia de vida que albergan. En este caso, la geología, la hidrogeología y la vida forman un todo. ¡El nido de un pajarillo sobre los carrizos de una laguna costera está muy relacionado con las montañas calizas que se vislumbran en la lejanía! Unas montañas que a su vez están compuestas de restos de caparazones calcáreos de organismos microscópicos marinos de los mares del Jurásico. Esta es una bonita imagen a tener en cuenta en nuestras visitas a muchos humedales costeros, al menos en el Mediterráneo. La geosfera y la biosfera en profunda y antigua interacción. Tal y como sucede con el petróleo, originado como resultado de la descomposición bacteriana de algas microscópicas vivas en el pasado.

Formación de montañas y consecuencias climáticas

No estoy pensando ahora en la influencia que las altas cumbres tienen sobre la formación de nubes orográficas, caso por ejemplo de los picos volcánicos de las islas Canarias, que determinan la presencia de una ladera de la montaña extremadamente húmeda y otra extremadamente seca, con las consiguientes repercusiones para la cubierta vegetal. No, voy más allá de los cambios a nivel microclimático. La orogenia, la elevación de montañas a partir de capas de sedimentos fluviales o marinos, puede tener consecuencias macroclimáticas y de hecho las ha tenido. El choque del subcontinente indio con Asia conllevó la formación del actual relieve conocido como el Himalaya o los Himalayas, con las cotas máximas de elevación del planeta, si no tenemos en cuenta la parte submarina de las cadenas de volcanes, como las de Hawaii. La retirada de esa enorme masa de carbonato cálcico del ciclo a largo plazo del dióxido de carbono provocó posiblemente el deterioro (enfriamiento) climático global que el planeta lleva experimentando desde el máximo térmico del Eoceno, cuando casi todo el planeta era tropical o subtropical y había bosques templados sobre la Antártida y dentro del círculo polar Ártico. Esto lógicamente se debe a que el CO_2 es uno de los gases de efecto invernadero de la atmósfera. Cuando pensamos en sumideros de carbono rara vez nos acordamos de que las montañas calizas (además de los bosques o los mares) pueden retirar cantidades enormes de este gas de la atmósfera, con consecuencias de largo alcance. De hecho, a pesar del máximo local que ahora vivimos de ascenso de temperatura, éste sucede en el marco de un descenso ininterrumpido desde hace unos 50 millones de años. Es bueno tener esta perspectiva global en mente.

Una visión unitaria

Otro caso curioso es el que relaciona a la gea con la acidez o basicidad de las aguas. En la Iberia mayoritariamente silícea (la occidental sobre todo) es difícil que se preserven huesos o caparazones calcáreos como fósiles porque los ácidos los descomponen. También parece más complicado que los animales con caparazones o exoesqueletos calcáreos puedan encontrar el calcio suficiente en el medio para construirlos. Resulta también curioso que en las charcas que se dan sobre pozas de roca granítica sea común que las puestas de anfibios desarrollen hongos, ya que los hongos son amantes de los medios de bajo pH, lo cual determina, en cierta medida, el éxito reproductivo de ranas, sapos y sapillos en ambientes de rocas silíceas.

En el embalse gallego donde estudio la ecología de forrajeo de las nutrias, los excrementos con los que marcan sus zonas de pesca suelen estar en los cabos que se internan en las aguas del embalse. Esto, bien mirado, no es casualidad ni capricho. Los cabos son afloramientos de esquistos y esos afloramientos se continúan bajo el agua proporcionando a los peces nocturnos del embalse buenos refugios donde esconderse durante el día. Las nutrias tienen cazaderos fijos que coinciden con esas zonas de roca sumergida (un factor limitante para los abundantes peces del embalse). Todo el embalse no es igual para ellas, ni mucho menos. Aunque mida pongamos 300 hectáreas en realidad la "superficie efectiva" para las nutrias es muchísimo menor. Así pues las nutrias son grandes prospectoras geológicas y perciben el fondo del embalse de manera muy distinta a nosotros mirando la superficie del agua, que todo lo iguala.

En fin, podría seguir poniendo ejemplos hasta la saciedad, pero es preferible que, tras sembrar esta semilla provocadora, el lector siga descubriendo casos de interacción geo-bio en su entorno más inmediato. A mí me parece tan evidente e intrincada que creo que la vida y la gea forman un todo inseparable: la primera no puede concebirse sin la segunda. Y, al parecer, esto viene siendo así desde el origen de las primeras células, que pudieron usar como molde físico la superficie porosa de las chimeneas hidrotermales alcalinas en los fondos marinos abisales. Sin las erupciones que generan esas fumarolas, debido a la desintegración de uranio radiactivo en el interior de la Tierra, no habrían sido posibles nuestras células. Ni tampoco los escudos graníticos de los continentes, sobre los que se ha desarrollado toda la vida terrestre y de la que somos, en parte, herederos.

El núcleo de nuestra hemoglobina, la proteína que transporta el oxígeno a todas las células del cuerpo, es un átomo de hierro. En el caso de la clorofila se trata de un átomo de magnesio, mineral atrapado por las cianobacterias del pasado remoto y fundamental para escindir la molécula de agua mediante fotones solares y robarle sus preciados electrones al líquido elemento. Un proceso por cierto, éste de la fotosíntesis, del que dependen tanto los animales herbívoros como nosotros mismos. Sencillamente, sin la ayuda de esos minerales nunca habría habido plantas ni animales.

Hay grandeza en esta visión unitaria de la naturaleza. La ecología, bien mirada, tiene mucho de observación, de reflexión y hasta de mística. Como dice el filósofo del CSIC Jesús Mosterín, los científicos son hoy en día los seres más místicos del mundo. O, al menos, no les faltan motivos para serlo.

La inestabilidad de los lugares geomorfológicamente cambiantes va necesariamente ligada a animales con hábitos nomádicos como los murciélagos, que puedan dispersar cuando el sistema colapsa (Avenc de Son Pou, Mallorca. Foto: Beatriz Vigalondo).

El mar entre tierras...humanizadas

Al Mediterráneo, el mar entre tierras, todos le debemos tributo. Intentaré presentar aquí una crónica muy resumida de su origen y evolución, con especial énfasis en el papel de las actividades humanas que, desde muy antiguo, han dado forma a la diversidad biológica que hoy observamos en su entorno.

Supongo que lo primero es saber desde cuándo existe ese accidente geográfico que llamamos mar Mediterráneo. Si viajamos con la imaginación hasta el periodo Triásico, a comienzos de la Era Secundaria, nos encontramos con que hace unos 250 millones de años todas las tierras emergidas formaban un único continente denominado Pangea. Dicho continente adoptaba la forma de una media luna en torno al ecuador del planeta y envolvía una gran masa de agua conocida como mar de Tetis. Tendrá que pasar mucho tiempo para que, ya en el Mioceno, hace unos 25 millones de años y dentro de la Era Terciaria, la subplaca arábiga se desplace hacia el norte y cierre el mar de Tetis por el este, en un planeta en el que el Atlántico llevaba abriéndose desde el Jurásico, separando a lo que ahora llamamos Eurasia de Norteamérica y a la masa continental que conocemos como África de Sudamérica. Fue aquella la muerte de aquel mar tropical de larga historia y el nacimiento del primer ancestro del Mediterráneo.

De todos modos, el Mediterráneo que más nos interesa es el de los últimos 5 millones de años. La razón radica en que hacia finales del Terciario, en el piso Messiniense del Mioceno, el *Mare Nostrum* se cerró también por el oeste y, convertido en un gigantesco lago salado, terminó por desecarse casi en su totalidad. Sólo se salvaron las grandes lagunas hipersalinas de las zonas más profundas, que se hunden hasta los 4.000 metros, en recuerdo de aquel gran mar que fue Tetis. El Mediterráneo renació 300.000 años después, cuando volvió a abrirse el paso occidental y se llenó con agua procedente del Atlántico. Podríamos decir metafóricamente que durante la desecación se puso en marcha una especie de "riñón marino" que eliminó en forma de rocas halitas las enormes concentraciones de sales que se habían generado en un mar casi cerrado. En efecto, había una gran evaporación y escaso aporte de agua dulce. Apenas unos cuantos ríos importantes, como el Nilo, el Ródano, el Po y el Ebro, contribuyeron a endulzar sus aguas.

El rellenado de la cuenca fue al parecer muy rápido, tras algún tipo de cataclismo geológico mal conocido que abrió el estrecho de Gibraltar. En otras palabras, toda la flora y la fauna actuales del Mediterráneo parte de un momento cero en la llamada Crisis del Messiniense. Desde entonces, el Mediterráneo se ha comportado como un mar-isla, con pocas especies pero muy altas tasas de diversificación debido al bajo flujo genético. Por el mismo motivo, alberga proporcionalmente muchas formas endémicas.

Trazados horizontales

Lo que hoy conocemos como "clima mediterráneo" aparece durante el Plioceno, hace unos tres millones de años, en el sur de Europa. Esta zona se vio influida durante el Pleistoceno superior por cuatro grandes glaciaciones que se alternaron cada 100.000 años aproximadamente, con breves periodos intercalados de bonanza climática de unos 10.000 años de duración denominados "interglaciares". Ahora mismo nos encontramos en un periodo interglaciar que comenzó hace unos 10.000 años (1). Deberíamos estar, pues, hacia el final de esa fase de retracción de las lenguas glaciares típicas del Cuaternario y relativamente cerca, en términos geológicos, del inicio de una nueva glaciación.

La aparición de un casquete de hielo en el Polo Norte, algo impensable en el mundo tropical del Terciario, empujó a floras y faunas enteras hacia el sur durante la transición entre el Plioceno y el Pleistoceno. Las penínsulas de la ribera norte del Mediterráneo se convirtieron en un refugio —y centro de especiación— desde el que plantas y animales se desplazaron de nuevo hacia el norte durante los periodos interglaciares (aún continúan haciéndolo), repoblando las tierras arrasadas por las lenguas de hielo. Para muchas especies la disposición este-oeste del Mediterráneo, así como la de algunas cordilleras (Pirineos, Alpes, Cárpatos), supuso una barrera biogeográfica que impedía la comunicación con el continente africano, motivo de numerosas extinciones y del bloqueo de eventos colonizadores. Este hecho explica por qué los bosques europeos tienen seis veces menos especies de árboles que los asiáticos y por qué Europa tiene la mitad de las especies de aves que China, a pesar de ocupar la misma superficie (2).

El factor humano

Por lo que concierne a nuestro linaje, la ribera sur del Mediterráneo fue hoyada al menos desde los tiempos de *Homo habilis* en la primera salida del género *Homo de África* hace casi 2 millones de años. Nuestra especie, *Homo sapiens*, evolucionó en el continente africano hace 200.000 años a partir de *Homo rhodesiensis* (el homólogo de *H. heidelbergensis* en África) y ya estaba presente en la ribera oriental del Mediterráneo hace 100.000. Durante decenas de miles de años los humanos llevaron una vida de cazadores-recolectores. Hacia finales del Pleistoceno habíamos acabado con las mayores especies de la megafauna herbívora, aunque nuestra incidencia fue menor que en el continente americano, donde los grandes fitófagos no habían tenido contacto histórico con nuestra especie y no desconfiaban de ella. La eliminación de estos animales tendría consecuencias negativas para los mamíferos de menor talla, pues la vegetación se recuperó mucho al desaparecer los herbívoros gigantes (3). Otros autores otorgan más peso al papel del clima, pero esta hipótesis no explica por qué fueron más sensibles los mamíferos de mayor talla, ni tampoco la ausencia de extinciones similares al final de otros periodos glaciares previos. De todos modos yo tiendo a pensar que la extinción de la megafauna de mamíferos sí fue fruto de la interacción entre ambos factores: algún tipo de cambio climático desfavorable junto con una puntilla asestada por acción humana sobre poblaciones ya muy reducidas.

Hace unos 10.000 años, a comienzos del Holoceno, la época actual, los cazadores-recolectores aprendieron a domesticar plantas y animales, lo que abrió la puerta a la agricultura o, al menos, a la horticultura. Este drástico cambio en el estilo de vida tuvo todo tipo de consecuencias para las tribus humanas nómadas y también para la huella dejada por nuestra especie en su entorno. Dicho efecto fue más patente en las islas mediterráneas, donde se habían refugiado los últimos supervivientes de la megafauna continental, aunque en versiones miniaturizadas. Así que, en términos de biodiversidad, la principal pérdida del tránsito entre el Paleolítico y el Neolítico afectó a los animales de mayor talla. Más adelante también se notaría la acción del ser humano sobre los bosques, que se habían hecho muy densos sin la presión de los grandes herbívoros. Bosques excesivamente densos como los que se forman ahora tras el abandono del rural.

Aparece el actual mosaico agrosilvopastoral

Desde el desarrollo de la agricultura se han sucedido, una tras otra, grandes civilizaciones que tarde o temprano terminaron colapsando, como ha descrito el investigador norteamericano Jared Diamond (4). Las consecuencias de este proceso sobre los sistemas naturales del Mediterráneo se han clasificado en dos líneas de pensamiento opuestas. Una es la del "paisaje arruinado", también conocida como "el Edén perdido", que lo interpreta como una degradación y desertificación acumulativa del paisaje mediterráneo. La segunda defiende, por el contrario, que ha sido precisamente la actividad humana la que ha contribuido a mantener unos paisajes mediterráneos tan diversos (5). Creo bastante objetivo decir que el mayor impacto de la actividad humana tuvo lugar durante el final del Pleistoceno y el inicio del Holoceno, en el Neolítico. El antropoceno mediterráneo hace tiempo que sucedió. Fue entonces cuando se extinguió la megafauna continental y también los relictos supervivientes de las islas mediterráneas, donde aún vivían hipopótamos y elefantes enanos junto a conejos y lechuzas gigantes (6).

También es importante considerar la pérdida de grandes superficies de bosques mesófilos que tuvo lugar poco después. Es probable que el aumento de la sequedad y las temperaturas hace unos 5.000-6.000 años, en sinergia con los efectos perturbadores de la agricultura y la ganadería, dieran como resultado la instauración de los encinares, acebuchales y pinares termófilos que hoy nos resultan tan familiares. Proliferaron en detrimento de los bosques de hoja caduca y dentro de un mosaico de espacios abiertos de forma artificial, lo que creó un paisaje sin duda más diverso que cualquier masa forestal continua. Podría decirse que el ser humano desempeñó en parte el papel de la megafauna herbívora perdida: aclaró los bosques y creó un entorno más diverso, donde tuvieron cabida especies de plantas y animales amantes de los espacios abiertos y del sol. Quizás en cierto modo nuestra actividad fue una marcha a tiempos pasados. En las últimas décadas hemos asistido sin embargo al proceso contrario: el abandono del modo de vida tradicional y con ello a la pérdida de espacios abiertos y a la expansión y densificación de bosques pobres en herbívoros y grandes depredadores. En las islas Baleares, por ejemplo, la mano de nuestra especie no se dejó sentir hasta hace menos de 5.000 años y los bosques mesófilos se conservaron hasta entonces. Este hecho parece sugerir que los bosques podrían haber perdurado más tiempo en el continente de no haber sido por nuestra intervención, al menos en los sitios más húmedos. Una vez desmontados los antiguos bosques mesófilos su recuperación parece inviable en las nuevas condiciones climáticas, de manera que encinas, acebuches y pinos se apoderaron irreversiblemente de los antiguos solares de bosque caducifolio.

Escenarios actuales

Debió de darse un proceso rápido e intenso de selección de especies capaces de convivir con los grandes cambios que infligíamos al paisaje. Pero, ojo, desde entonces probablemente no haya habido mucha extinción y sí procesos de diferenciación influidos por la actividad humana, como la hibridación entre plantas. Desde luego, las especies de medios abiertos se vieron muy favorecidas frente a las forestales.

Así pues, podemos aventurar que hubo primero una gran pérdida de megafauna, con la consiguiente expansión de la vegetación y sus efectos indirectos sobre otras muchas especies menores. A continuación, y desde hace varios miles de años, fuimos capaces de crear un paisaje biodiverso, resistente y resiliente ante los cambios, adaptado al diente de las cabras, las talas y el fuego donde se han dado pocas extinciones y sí cierto grado de diferenciación por selección artificial.

Los sistemas agrosilvopastorales, como las dehesas y montados ibéricos, han funcionado bien en el tiempo, han sido "sostenibles", y mantienen una buena biodiversidad, incluidas aún (milagrosamente) algunas especies de la megafauna pleistocena como ciervos, linces y lobos. Otras especies, sin embargo, han sido sustituidas por sus equivalentes domésticos, caso del uro y el toro o de las distintas razas de caballos. Diversos estudios han demostrado que un grado moderado de herbivoría por ovejas, cabras o gacelas favorece la diversidad y la producción vegetal (5, 7). La verdad es que no me imagino el actual sistema industrial de explotación de recursos naturales funcionando de manera sostenible en los próximos 10.000 años, como ha conseguido la agricultura, ni siquiera exportando nuestro daño ambiental a otros países, como hacemos ahora (8).

El Mediterráneo, en sentido amplio, ha sido modificado por el linaje humano desde muy antiguo. En realidad, desde el origen de los sistemas naturales que han llegado hasta nuestros días. Por ello gestionar los paisajes que hemos heredado, desde las altas cumbres hasta las islas, sin tener en cuenta este factor histórico, es un buen caldo de cultivo para la pérdida de diversidad y el bajo rendimiento de los planes de manejo. Deberíamos reflexionar más al respecto, olvidarnos de idílicas situaciones prístinas en nuestros espacios naturales (incluyendo los más emblemáticos, como Doñana u Ordesa) y gestionar nuestras zonas protegidas bajo la edificante luz de la historia cercana y también de la profunda.

Tramo de la costa mallorquina al pie de la sierra de Tramuntana. La desecación del Mediterráneo en el Messiniense, hace cinco millones de años, actuó como una suerte de riñón marino que transformó en rocas halitas la gran concentración de sales disueltas en un mar aislado del Atlántico. Foto del autor.

De tierras y mares

Vivimos en un planeta azul al que llamamos Tierra, aunque esté cubierto de agua en sus tres cuartas partes. Es el tercero en distancia a nuestra estrella, un emplazamiento adecuado para que el agua se mantenga en estado líquido, ni toda helada ni toda evaporada. La vida surgió en la profundidad de los mares y mucho después colonizó la superficie marina y después la tierra emergida. Sin embargo, los organismos han radiado desde entonces ferazmente en cada rincón de la parte sólida, como si la vida hubiese nacido para apoyarse en el suelo y no para flotar en el agua.

Siempre me ha resultado curioso ver que en cuanto una roca cae al mar se puebla rápidamente de todo tipo de formas vivas: algas verdes, rojas y pardas, anémonas, esponjas, moluscos y crustáceos de toda condición acabarán poblando y transformando el sustrato rocoso. Se diría que buena parte de la vida marina está vagando, como alma en pena, a la busca de un lugar donde asirse. Lo barroco y abarrotado de estas rocas viene a indicar que, en efecto, disponer de un lugar estable (en el sentido de permanente, tanto en el tiempo como en el espacio) parece ser un factor limitante de la abundancia de muchos grupos de plantas y animales marinos. Similares conclusiones pueden extraerse de la rápida y feraz colonización de arrecifes artificiales o de barcos hundidos. De hecho, una de las causas de la gran diversidad que atesoran los arrecifes coralinos probablemente estribe en el desarrollo de exoesqueletos calcáreos para las colonias de pólipos, que proporcionan a muchas formas de vida rincones donde criar y esconderse de los depredadores. A falta de rocas, los corales las crean ellos mismos. ¡Son geo-constructores!

En el Mediterráneo da la impresión de que los animales marinos móviles viven permanentemente hambrientos (base del éxito de la pesca recreativa y de algunos métodos profesionales) y muertos de miedo (caso de los pulpos que se refugian en cuencos de barro tramposamente dispuestos en el fondo). De ello deriva el éxito de las aves marinas que se zambullen para capturar unos peces que intentan pasar desapercibidos agolpándose en la frontera entre la hidrosfera líquida y la atmósfera gaseosa.

Un mar lleno de depredadores

El mar debió de ser un lugar agradable y seguro en el que vivir hasta la llegada del Cámbrico. Fue entonces, hace unos 550 millones de años, cuando se produjo la explosión de numerosos planes corporales pluricelulares, aunque la vida multicelular como tal sea más antigua: tiene unos 2 mil millones de años. Los cuales, además, emergieron casi de golpe a escala de tiempo geológico. Una consecuencia de la finalización de la fase de "bola de nieve" por la que pasó nuestro planeta poco antes y que lo dejó cubierto en su práctica totalidad por una gruesa capa de hielo.

La aparición de los depredadores marinos (invertebrados como los escorpiones marinos) del Cámbrico fue el pistoletazo de salida para la conquista de la tierra firme. No es de extrañar que en el mar haya formas que sean capaces incluso de salir volando ante el ataque de un depredador, como los peces y calamares voladores. Todo lo que ahora vemos sobre la tierra son formas marinas más o menos modificadas. Incluidos nosotros mismos, que descendemos de peces óseos pulmonados provistos de unas aletas capaces de convertirse en protomiembros y finalmente en brazos y piernas. Desde este enfoque, las plantas son algas que han desarrollado una cierta independencia del medio acuoso (sólo una cierta independencia ya que aun habiendo generado medios de soporte físico, siguen necesitando el agua para la fotosíntesis). Asimismo los huevos de reptiles y aves son formas igualmente independizadas del líquido elemento marino (los llamados huevos amnióticos). Un aspecto curioso a tener en cuenta es que incluso gran parte de los continentes (exceptuando los escudos de roca ígnea) proceden realmente del mar, ya que están compuestos por sedimentos marinos (restos microscópicos de caparazones) que posteriormente se elevaron como consecuencia del choque entre placas tectónicas, dando lugar a relieves montañosos.

Biodiversidad en mares y tierras

Así pues, podría pensarse que, si la vida nació en el mar, es allí dónde deberíamos encontrar la mayor biodiversidad. Pero no es así. Por lo que sabemos, un 75-85% de las especies que pueblan el planeta son terrestres y la mayoría de ellas insectos. Como decía el genetista Haldane, si la naturaleza hubiese sido creada por un ser todopoderoso deberíamos concluir que tenía una afición desmedida por los escarabajos. Es curioso que este patrón no se deba a que las tasas de generación de especies nuevas sea mayor en tierra firme que en el mar, ya que al parecer son muy similares. Por ejemplo, el número de especies de peces actinopterigios (peces con aletas radiales) es de 15.150 en ambientes de agua dulce (continentales) y de 14.740 en ambientes marinos (1). La mayor riqueza de los sistemas naturales terrestres responde al hecho de que la extinción ha eliminado más formas vivas en el mar que en tierra firme. Por ejemplo, en el caso de los peces con aletas radiales, sabemos que todas las especies marinas (unas 20.000) proceden originalmente de un único ancestro ¡de agua dulce! Del mismo modo, todas las fanerógamas marinas son de origen continental, al igual que los reptiles y los mamíferos marinos.

El registro fósil nos ha permitido establecer que las cinco grandes extinciones masivas que ha sufrido la vida en nuestro planeta fueron más drásticas en el mar. En particular la de finales del Pérmico, entre el Paleozoico y el Mesozoico, hace 250 millones acabó con el 95% de las especie marinas, pero sólo con el 70% de las terrestres. Y de nuevo, en el tránsito del Triásico al Jurásico, hace unos 200 millones de años, una nueva extinción en masa acabó con el 20% de las familias marinas existentes. Esta diferencia basal entre mares y tierras en cuanto a tasas de extinción puede deberse simplemente a que los océanos ocupan una mayor extensión (concretamente, el 71%) y entre el 90-99% del volumen de la biosfera y tienen por tanto mayores probabilidades de verse afectados por procesos catastróficos fortuitos. Otras posibles explicaciones son que la química o la geología marinas sean más proclives a forzar grandes cambios al cabo de una serie de millones de años o que el hecho de que los océanos no estén compartimentalizados permita la difusión de catástrofes con mayor facilidad que en tierra firme.

Productividad terrestre y productividad marina

Por lo que respecta a la productividad primaria, es mucho menor la marina que la terrestre (por unidad de superficie), ya que sólo los organismos vegetales fijan el carbono atmosférico y tanto el fitoplancton como las fanerógamas marinas habitan en una estrecha franja delimitada por los cien primeros metros de la columna de agua, es decir, la zona donde pueden penetrar los rayos del sol o zona fótica. Una medida, por cierto, que coincide curiosamente con la altura de los mayores árboles del planeta, las secuoyas rojas (*Sequoia sempervirens*) como solía destacar Ramón Margalef. En concreto, la productividad primaria terrestre es tres veces superior que la marina. Lo que ocurre es que al final los totales se igualan debido a la mayor superficie cubierta por los océanos en relación a la tierra emergida.

De todos modos, la productividad marina no es homogénea en el espacio. Los océanos se describen más adecuadamente como desiertos salpicados de zonas extraordinariamente ricas en vida, que coinciden bien con afloramientos, frentes marinos, deltas fluviales o efectos isla. Como nos recuerda de nuevo Ramón Margalef, la mayor productividad de los ecosistemas terrestres se debe a que su sistema de reciclaje de los nutrientes es más eficiente, al ser interno (xilema y floema), frente al externo de los ecosistemas marinos, donde las turbulencias sustituyen el papel de la evapotranspiración para mover el agua cargada de nutrientes de abajo arriba, en contra de la gravedad (2).

La visión que se defendía hace unas pocas décadas, según la cual la vida nació como una sopa en los mares primigenios, ya no se sostiene hoy en día. Ahora sabemos que las primeras bacterias, las formas de vida más simples, probablemente se originaron en las chimeneas o fumarolas alcalinas de las llanuras abisales, de forma independiente a la radiación electromagnética del sol. Su fuente de energía deriva del ácido sulfhídrico surgido desde el interior de la Tierra a través de fracturas en el lecho marino. De modo que las primeras formas de vida surgieron empleando como molde las oquedades de las sólidas cavidades internas de las fumarolas, pero encerrando dentro de sí (en el interior de su membrana grasa) un pequeño trozo de mar. El asociacionismo bacteriano haría el resto, creando las primeras células eucariotas por endosimbiosis o, como decía Lynn Margulis, por captación de genomas (3).

Para llegar de ahí a los primeros metazoos, a los primeros animales coloniales sin especialización celular, es decir, a las primeras esponjas, sólo hizo falta emplear un poco de la cola natural desarrollada por las bacterias: el "cola-geno" (cuyo sentido se percibiría más fácilmente si denominásemos en femenino a la proteína "colágena"). En definitiva, la interacción entre mares y tierras existió desde que emergieron las primeras masas de roca de entre los mares, aunque a la vida le costó casi 2.500 millones de años asirse al medio sólido y convertirse en colonias organizadas con base en el agua marina pero con los pies en el suelo. Desde entonces ¡parece haberle ido muy bien!

Ecotono entre el mar y la tierra en las costas de Wasini, una isla arrecifal situada en el sur de Kenia, cerca ya de Tanzania. Aunque la vida comenzó en el mar, los ecosistemas marinos tienen una menor productividad por unidad de superficie y mayores tasas de extinción que los terrestres. Foto del autor.

Cuentos de marmitas, gigantes y pilancones

Algunas estructuras geomorfológicas pueden inducir a engaño. Por ejemplo, dos depresiones de aspecto similar, pero localizadas en ambientes distintos, parecen sugerir un mismo agente causal. Pero, al desconocer los procesos subyacentes, hay quien invoca la participación de fuerzas externas a la naturaleza; cayendo, no ya en el error, sino en la construcción de un mito.

Seguro que todos conocéis las marmitas, esas estructuras consistentes en el vaciado cilíndrico de una roca por la acción erosiva del agua, ya sea en el mar o en los ríos. El agente erosivo es el agua en movimiento, aunque emplea como herramienta de cincelado los guijarros, más o menos grandes según los casos, que giran una y otra vez dentro de la cavidad. Así pues, las marmitas se generan por un proceso meramente físico que da lugar a pequeñas pozas que luego utilizan la flora y la fauna. La ecología siempre sucede dentro del marco geológico. El caso es que el nombre de marmita no les ha caído del cielo. En parla popular, marmita es sinónimo de olla, puchero o cazuela y, si profundizamos un poco más en el asunto, descubriremos que esas pozas de los ríos se llaman en realidad "marmitas de gigantes". ¿Por qué de gigantes? Aquí es donde la acepción culinaria cobra sentido. ¿Cómo se iban a formar unos orificios tan perfectamente circulares y profundos si no es por intervención humana? Pero no de un humano cualquiera, porque el guiso que cabe en una gran marmita ¡sólo puede servir para dar de comer a un gigante! Así pues, la sabiduría popular establecía una relación de causa-efecto equivocada y atribuía a seres enormes y poderosos la excavación de marmitas en los ríos, pasando por alto lo que son capaces de hacer unas piedras movidas en círculo por la corriente durante largos periodos de tiempo.

Pasos de gigante

El caso es que sobre las rocas plutónicas se originan otras estructuras muy parecidas. En inglés se denominan gnamma pits y "pilancones" en román paladino, aunque sea un término no recogido por la Real Academia Española. Los pilancones tienen un aspecto bastante similar al de las marmitas, pero surgen por un proceso algo diferente que conjuga erosión física y química. Como todo el mundo sabe, el granito está formado por cuarzo, feldespatos y micas. Pues bien, expuesto al aire y a la lluvia, sus feldespatos (magnésicos o potásicos) sufren una transformación química que da lugar a un polvillo abrasivo que, movido por el viento, genera estructuras erosivas de tipo circular. El mecanismo se retroalimenta positivamente, de manera que lo que empieza siendo un agujerito termina por convertirse en un gran hueco con aspecto de marmita. Al retener agua, lo pilancones también devienen en pequeños ecosistemas, primero acuáticos y luego terrestres por deposición de sedimentos. Un microcosmos digno de estudio pormenorizado. Las personas ilustradas que saben cómo se forman las marmitas suelen pensar que los pilancones tienen el mismo origen, pero hay notables diferencias. En el caso de los pilancones primero interviene la química y después la física, el aire que mueve en círculo el polvillo abrasivo a modo de máquina pulidora. Pero, vaya, no andan muy descaminados. El ideario popular ha creado asimismo mitos en torno a unas formaciones que vuelven a recordar la labor de seres gigantescos y desconocidos.

Por ejemplo, en la foto que aparece al final de este capítuo, vemos una estructura formada por dicho proceso erosivo, que ha acabado uniendo dos pilancones. En la provincia de A Coruña el resultado se conoce como "pisada" o "huella" de Roldán, porque fortuitamente ha adquirido el aspecto de una huella de zapato. Si además resulta que alguien encontró otra similar en la sierra de enfrente, sólo cabe concluir que la huella pertenecía a un gigante que daba grandes zancadas.

Una vez más, la explicación a un patrón real se resuelve mediante un argumento fantástico que acaba consolidándose como mito. Un buen ejemplo de lo difícil, meritoria y poco intuitiva que puede llegar a ser la adquisición de conocimientos. Y, también, de la importancia de nuestra mente simbólica, capaz de inventarse cualquier cosa con tal de tranquilizar a la maquinaria pensante. Una adquisición reciente de la mente humana que debió de resultar muy útil para la supervivencia en tiempos duros.

Calas de diversos estilos

¿A quién no le gusta disfrutar de una cala en las islas Baleares? Pero calas hay en otras costas, aunque de procedencia bien distinta. Las típicas calas baleares siempre están asociadas al cauce de torrentes que han abierto su camino en la roca durante el Pleistoceno. Con la llegada del Holoceno el nivel del mar ascendió considerablemente y avanzó tierra adentro a lo largo de esos valles abiertos por los cursos de agua. Cuando se estabiliza el nivel del mar acaba formándose una playa, tanto por arrastre de sedimentos minerales desde tierra, como por aporte de restos de conchas, caparazones y algas desde el mar.

En la segunda fotografía vemos otra modalidad de cala. En este caso, los sedimentos antaño depositados sobre el fondo marino han sufrido un giro de 90 grados durante una fase de orogenia y quedan expuestos a la erosión del oleaje. Las capas de roca menos consolidada se erosionan con mayor facilidad que las más compactas, de modo que acaban formándose pequeñas playas entre grandes paredes de roca, como pasaba en el caso balear. Resultados similares obtenidos por vías muy distintas. Los afloramientos verticales de la imagen no siempre terminan en playas, sino que pueden formar también grietas o cuevas que en Galicia se llaman "furnas". Para que el mito no se sintiera desatendido durante mucho tiempo, tales aberturas fueron consideradas vías de entrada al inframundo, al Hades, donde penetró Ulises antes de regresar al mundo de los vivos. De nuevo una explicación simbólica para tranquilizar nuestras mentes pensantes ante lo desconocido.

Presas naturales y artificiales

Los ejemplos de resultados convergentes por procedimientos

distintos son inacabables en la naturaleza. Pienso, por ejemplo, en los represamientos. Además de los ingenieros y los castores, la propia gea puede formar presas en los cauces fluviales por distintas vías. Una de ellas serían las morrenas terminales, resultado de la erosión glaciar y el depósito de materiales. Otra serían los travertinos, la deposición de carbonatos sobre la vegetación sumergida de un río. Cuando los travertinos tienen desarrollo horizontal puede acabar formando embalses naturales, como ocurre en las lagunas de Ruidera. También podrían incluirse aquí los acantilados.

Tenemos suerte de vivir unos tiempos en que la ciencia ha dejado reducidos a leyendas los mitos populares propiciados por el desconocimiento de los procesos naturales. Las patas de las garzas no segregan ningún aceite para atraer a sus presas, como se cree en el Reino Unido; el agua de las fuentes de la sierra de Tramuntana, en Mallorca, no viene de los Pirineos, como reza el mito; las curiosas formas de las rocas ígneas del Guadarrama se han formado por plegamiento, fractura y erosión a lo largo de periodos muy extensos de tiempo, por mucho que al ojo humano le recuerde a objetos concretos.

Para mí, todo esto representa una liberación, pues la ciencia libra al ser humano del miedo. Un miedo con el que se le puede manipular cuando desconoce la verdadera razón de las cosas. La ciencia no sólo nos regala la felicidad de una sonrisa ante una relación causal correcta, sino que nos hace un poco más libres a todos. Sólo por eso merece la pena. ¡Ya lo creo!

La unión de dos pilancones, por erosión físico-química del agua y posterior intervención del viento, ha dado lugar a una peculiar forma con aspecto de huella de gigante. Foto del autor.

SEGUNDA PARTE: EVOLUCIÓN

Cuando las moléculas hablan

En África los viajeros quieren ver a los llamados "cinco grandes": leopardo, león, elefante, búfalo y rinoceronte. Hoy, emulando a la megafauna africana, repasaremos el papel de cinco moléculas clave para la vida: colágeno, lignina, quitina, rodopsina y queratina. Los "humanes", como nos llama en genérico el filósofo Jesús Mosterín, deberíamos familiarizarnos tanto con estas moléculas como con la comida que ingerimos. Las cinco son vitales, no sólo para nuestra existencia, sino para entender nuestro lugar en la biosfera y en la historia de la vida.

Debería interesarnos muchísimo todo lo relacionado con el origen de las primeras formas de vida multicelular, más que nada porque son nuestros primeros ancestros. El planeta fue al principio un mundo desprovisto de vida sobre mares y tierras. Tuvieron que transcurrir 1.500 millones de años para que surgieran las primeras formas de vida unicelular: los procariotas o bacterias. La célula eucariota surge casi 1.000 millones de años después gracias a la incorporación (endosimbionte) de bacterias de vida libre que pasan a ser mitocondrias o cloroplastos. Así, merced al asociacionismo bacteriano, surgen nuestras células complejas, dotadas de un núcleo donde proteger el preciado material genético. Pero esta tendencia gregaria irá aún más allá al asociarse también entre sí distintas células eucariotas, dando lugar a los seres multicelulares marinos cuya explosión tuvo lugar en el Cámbrico, hace 500-600 millones de años. Suele explicarse dicha explosión de vida por un aumento en la concentración de oxígeno en la atmósfera terrestre, que siguió a la fase de "bola de nieve" por la que poco antes había pasado nuestro planeta.

El caso es que la abundancia de oxígeno permitió que hubiera animales más grandes e incluso inventó la depredación en los mares al permitir que las redes tróficas se hicieran más largas y complejas. La razón estriba en que el colágeno, el pegamento natural que permite la existencia de seres multicelulares, necesita mucho oxígeno para su síntesis. La desafortunada tilde sobre la "a" impide que asociemos el colágeno con una cola, que es básicamente de lo que se trata. Esta proteína, que tiene forma de fibras elásticas, mantiene la unidad de nuestros cuerpos y está presente tanto en la piel como en los huesos, pasando por tendones y ligamentos, encías, córnea, paredes de los vasos sanguíneos, cartílagos, médula ósea e hígado, entre otros muchos tejidos y órganos.

El cuerpo de las plantas es otro cantar

El papel estructural del colágeno entre los animales viene representado por la lignina en el reino vegetal. La lignina es un complejo aromático (no un azúcar), un polímero presente en las paredes celulares de las plantas. Gracias a ello les confiere la rigidez que en su momento permitió que algunos vegetales marinos colonizaran la tierra firme. Aparte de este aspecto físico, la lignina tiene también un componente biológico, pues las paredes celulares así protegidas son difíciles de atacar por los microorganismos. Todo esto hace que la madera, fundamentalmente compuesta de lignina y celulosa (otro polímero), sea muy difícil de descomponer. De hecho, parece que todo el carbón que se acumuló en el Carbonífero, y que ahora extraemos en las minas, se debe a la imposibilidad de descomponer la madera de aquellas primeras plantas terrestres de gran porte, como coníferas, cicadáceas y helechos gigantes. Tuvieron que pasar 50 millones de años hasta que la naturaleza fue capaz de inventar algún microorganismo capaz de descomponer ese polímero biológico, es decir, de dotarles de las enzimas necesarias. Incluso hoy en día sigue siendo difícil descomponer la madera muerta y esa es la razón de que podamos tener muebles, como ya nos recordaba hace décadas Ramón Margalef en una de sus agudas observaciones. Más aún: la lignina de las plantas vivas sigue siendo resistente a las bacterias del intestino, al contrario que la celulosa, que es hidrolizable por bacterias y hongos.

Un factor común entre artrópodos y hongos

Igual que la lignina genera el caparazón protector de las plantas, los animales más abundantes de este planeta (los insectos) cuentan en sus fases adultas con armaduras (exoesqueletos) hechas de quitina. En el mismo caso se encuentran las paredes celulares de los hongos, reforzadas también con quitina, el segundo polímero más abundante de la biosfera después de la celulosa. En este caso se trata de un polisacárido, un azúcar complejo. La quitina es más fácil de degradar que la lignina, ya que es asequible a hongos, bacterias e incluso a los ácidos inorgánicos del sistema digestivo de los animales que los ingieren.

La quitina es primordial, no ya para los insectos, sino para otros artrópodos como los crustáceos y los arácnidos y está incluso presente en algunos moluscos cefalópodos como el calamar. Sin embargo, no forma parte de las conchas de los moluscos gasterópodos, ya sean terrestres o marinos. De dureza parecida a la quitina, aunque superior, es la queratina, una proteína fibrosa que forma las capas más externas de la epidermis así como plumas, pelo, uñas, pezuñas o las fundas de los cuernos.

Ver para creer: de las bacterias a los ojos de princesa

El último de los cinco grandes de nuestro cuaderno de campo molecular es la rodopsina, aunque hemos tocado de paso el sexto coloso que es la celulosa. La rodopsina es una proteína presente en los bastones de la retina que, como sabemos, contiene dos tipos de células fotosensibles: conos y bastones. A diferencia de la mayor parte de los mamíferos, que son dicromáticos, los conos nos permiten a los primates ver los colores gracias a que contamos con tres tipos de ellos, sensibles al azul, al verde y al rojo. Los bastones, sin embargo, son sensibles a la intensidad de la luz y nos permiten ver en condiciones de baja luminosidad.

El caso es que la rodopsina de los bastones es una molécula de lo más curioso. Consta de dos componentes: una opsina (proteica) y un derivado de la vitamina A (no proteico). Este segundo componente toma normalmente una forma empaquetada, pero al ser iluminada se estira. Este simple hecho, puramente físico, es lo que permite transmitir un impulso nervioso al cerebro que acaba traduciendo la información que acarrea la luz en una imagen "con cara y ojos" en nuestro procesador central. La rodopsina nos enseña una lección evolutiva fabulosa ya que, al parecer, ¡se encuentra presente en las membranas de las cianobacterias! Es decir, el origen de los ojos de los animales puede trazarse de vuelta hasta las simples bacterias marinas. ¿Cómo llegó la rodopsina de las bacterias a los ojos de los animales? Probablemente, en algún momento de la historia de la vida, un protista (es decir una "ameba" eucariota, puente entre las bacterias y los seres multicelulares) ingirió cianobacterias, de modo que pasaron a formar parte del "protozoo". Del mismo modo en que las mitocondrias de vida libre pasaron a formar parte de las células de los animales (1). Durante años se ha puesto como ejemplo de analogía el caso del ojo, aduciendo que había sido éste un invento recurrente en la historia de la vida. En realidad parece que el parecido entre los ojos de los distintos grupos animales es una homología debida a parentesco filogenético. Los ojos surgieron una vez nada más y luego se han ido modificando con el paso del tiempo.

Los ojos más sencillos, como los de los camarones que viven en las chimeneas hidrotermales de los fondos abisales marinos, consisten en una simple película plana de rodopsina fotosensible. Con el tiempo, esas películas planas acabarían plegándose en forma de sacos rellenos de agua y adquiriendo en la parte frontal cristales, primero inorgánicos (como los de los trilobites, que eran de carbonato cálcico) y luego orgánicos, a modo de lentes, como nuestro cristalino. Es decir, surgió la estructura básica del ojo a modo de cámara que tanto diera qué pensar a Darwin acerca de cómo un proceso gradual podía desembocar en una aparente "complejidad irreductible". El ojo-cámara es complejo, sí, pero también puede reducirse al extremo de que una simple película fotosensible extendida vale mucho más que no tener ningún tipo de ojo, desde luego.

A veces las moléculas orgánicas nos revelan secretos del pasado imposibles de alcanzar por vías macroscópicas. Nos hablan de la unidad de la vida y del orden temporal que subyace al aparente caos vital que vemos en el engañoso plano del presente.

Setas incipientes de matacandelas (Macrolepiota procera). Al igual que el exoesqueleto de los insectos, los hongos tienen sus paredes celulares reforzadas con quitina. Foto del autor.

De cómo crear materia viva a partir de la "nada"

Todos deberíamos estar más familiarizados con la maquinaria que fabrica en última instancia nuestro alimento. Esa compleja maquinaria se encuentra en los cloroplastos, que son antiguas bacterias de vida libre incorporadas a la célula eucariota vegetal desde tiempos muy remotos. Como materia prima utiliza un gas, agua y paquetes de energía procedentes del sol. Poco más.

Algas, musgos, helechos y plantas con flores —es decir, los seres autótrofos— se las apañan para construir sus cuerpos a partir de dióxido de carbono (gas), agua (líquido), luz y unas cantidades minúsculas de sales minerales (sólido), a través de un sofisticado proceso que conocemos como fotosíntesis. Más tarde, sus sólidos cuerpos vegetales, hechos de azúcares complejos, servirán de sustento a los seres heterótrofos, aquellos que comen plantas (herbívoros) o a los que se comen las plantas (carnívoros), además de indirectamente a los descomponedores de todos ellos.

El objetivo final de la fotosíntesis es sintetizar hidratos de carbono, carbo-hidratos o azúcares. Tres nombres para lo mismo. Para ello las plantas absorben del aire dióxido de carbono, un gas cuya concentración en la atmósfera terrestre actual es muy baja (de unos pocos centenares de partes por millón), pero que era más abundante cuando las plantas inventaron la fotosíntesis. Lo hacen a través de sus estomas, esas pequeñas ventanas ubicadas en el envés de las hojas que son su puerta de comunicación con la esfera gaseosa del planeta, que está compuesta mayoritariamente de nitrógeno gaseoso. En la mayoría de las plantas los estomas están abiertos durante el día, aunque las que habitan en ambientes secos o desérticos procuran abrirlos de noche, para evitar la pérdida involuntaria de agua. El dióxido de carbono absorbido es la fuente de carbono (C) imprescindible para la síntesis de la glucosa. Los árboles de lento crecimiento (como las encinas) deben esa característica precisamente a conseguir el carbono atmosférico más lentamente que un pino, un chopo o un eucalipto.

Para ello las plantas primero han de disponer de agua, ya que ésta es la fuente de la "electricidad" que mueve todo el proceso de fijación del CO_2 en forma de azúcares, gracias a que la radiación solar rompe la molécula del agua y libera electrones (produciendo también átomos de hidrógeno cargados positivamente) que se invierten luego en fabricar moléculas ricas en energía química, como el ATP. En ese proceso se libera el oxígeno del agua como sub-producto de desecho de la reacción. Por lo tanto, al contrario de lo que piensa mucha gente, el oxígeno de la atmósfera, el que respiramos, no procede del dióxido de carbono, que nunca se separa de su oxígeno, sino del agua (1).

Tan eficiente es este proceso de romper moléculas de agua mediante luz (a pesar de la gran estabilidad de la molécula de agua) que la atmósfera terrestre ha pasado a estar compuesta, debido a las plantas, nada menos que en un 21% de oxígeno, un gas que oxida todo a su paso, incluidos los seres vivos (esa es la razón última de nuestros procesos de envejecimiento). El agua por tanto no sólo aporta a las plantas turgencia para soportar la vida terrestre y un medio para transportar nutrientes del suelo sino que es una fuente de electricidad para realizar el trabajo de síntesis de sus tejidos. Nosotros para realizar trabajo nos conectamos a la red eléctrica. Ellas hacen lo mismo pero conectándose al tándem agua y sol.

Un motor de dos tiempos

Todo este proceso de fabricar el cuerpo de las plantas a partir de la "nada" tiene lugar en dos fases. La primera fase (llamada luminosa) está arbitrada por dos complejos bioquímicos denominados Fotosistema 1 y Fotosistema 2, ambos ubicados en las membranas de unos saquitos de los cloroplastos conocidos como tilacoides. En origen, ambos fotosistemas eran independientes, pero acabaron acoplados en este "motor de dos tiempos" de tan impactantes resultados. Primero actúa el Fotosistema 2 (el más antiguo en la historia de la vida) y luego le sigue el Fotosistema 1. Ambos están acoplados secuencialmente y siguen un proceso que podemos imaginar en forma de una ene mayúscula, con ambos fotosistemas situados en los puntos bajos de la N. Con ayuda de un fotón de luz, el Fotosistema 2 eleva un electrón procedente del agua hasta un nivel alto de energía. Al caer a favor de gradiente a lo largo del plano inclinado de la N, desde un nivel alto de energía a otro más bajo, el electrón permite sintetizar una molécula denominada ATP, lo que viene a ser como cargar las baterías químicas de la célula. El caso es que el electrón, ahora bajo de energía, es lanzado de nuevo a la parte alta del segundo segmento vertical de la N gracias al mazazo que supone el choque con un nuevo fotón de luz en el Fotosistema 1. Esta vez el electrón ayuda a sintetizar otra molécula distinta de transporte de energía (el llamado NADPH), con participación de los iones hidrógeno de carga positiva procedentes de la escisión lumínica del agua.

En la segunda fase (o fase obscura, porque no requiere presencia de luz), la energía almacenada en el ATP y el NADPH (corriente de fosfatos y de electrones respectivamente) es empleada para fijar el dióxido de carbono, fuente del carbono necesario para sintetizar glucosa a partir de ciertos precursores orgánicos más sencillos. Esta segunda fase tiene lugar en la parte interior de los cloroplastos (llamada estroma), fuera por tanto de las tilacoides. La fase obscura también es conocida como "Ciclo de Calvin". En este ciclo es vital la participación de una enzima llamada RuBisCO, la proteína más abundante en nuestra verde biosfera.

La solución a la actual crisis energética

Esta cadena de eventos no ha podido ser replicada exactamente por el ser humano, a pesar de los muchos laboratorios que tratan de emular a las plantas en todo el mundo, con ordenadores tremendamente potentes. En concreto, escindir la molécula de agua para conseguir hidrógeno consiguiendo más energía que la aportada es un logro inalcanzado por el ser humano. De lograrlo dispondríamos de una fuente inagotable y limpia de energía (quemando hidrógeno con oxígeno) pues en el proceso vuelve a generarse agua como residuo. ¡Todos los males energéticos del presente se solucionarían de un plumazo! Es bonito pensar que las cianobacterias, que descubrieron cómo hacer esto hace un par de miles de millones de años, tienen el secreto de nuestra crisis energética actual. Eso nos devuelve al recurrente pensamiento de que vivimos, ante todo, en un mundo de gérmenes y que toda la vida pluricelular, la de los metazoos (la nuestra incluida) y la de las plantas, se construye sobre ellos. A grandes rasgos, podemos decir que las células primigenias que incorporaron a su seno a las bacterias que ahora llamamos cloroplastos iniciaron la aventura de las plantas.

De las moléculas a los átomos

Las plantas además de cloroplastos albergan en sus células (como nosotros los animales) otras antiguas bacterias de vida libre ahora esclavizadas como orgánulos. Son las mitocondrias. En ellas tiene lugar (principalmente de noche pero también de día) el proceso de respiración celular, que deshace lo hecho por la fotosíntesis, consumiendo oxígeno y produciendo CO_2 y vapor de agua como desecho, para obtener energía para sus funciones vitales. Estos procesos contrarios de síntesis con ayuda de la luz solar y de destrucción con ayuda del oxígeno me traen a la mente (además de a Penélope, la fiel y paciente esposa de Ulises, que destejía por las noches lo tejido durante el día) algo que sucede en el interior de los átomos. Einstein, al formular su famosa ecuación $E=mc^2$, vino a decirnos que una pequeñísima porción de masa (m) puede convertirse en una cantidad enorme de energía (E). Tan enorme como la que resulta de multiplicar la pequeña masa por la velocidad de la luz, 300.000 kilómetros por segundo, elevada al cuadrado (c^2). En realidad, la velocidad de la luz es lo de menos. Lo que importa es introducir una constante en la fórmula que sea lo suficientemente grande. Podría haber valido igual el número Pi multiplicado por 100.000 elevado al cuadrado. El resultado sería similar. Pero la expresión con la velocidad de la luz es más elegante.

El caso es que Einstein entendió que cuando escindimos un átomo (no una molécula unida por fuerzas eléctricas, como en la fotosíntesis, sino un átomo) liberamos gran parte de la energía que fue necesaria para fabricarlo. Es decir, gran parte de la energía que fue necesaria para vencer las fuerzas nucleares débiles y fuertes que actúan en el mundo de las partículas subatómicas que componen los átomos. Dichas fuerzas sólo pueden ser vencidas aplicando enormes presiones y temperaturas, como las que tienen lugar en las explosiones de estrellas en fase moribunda o supernovas. En las supernovas, a partir del elemento más sencillo y abundante del universo, el hidrógeno, se generan todos los elementos de la tabla periódica de Mendeleyev. Así que, cuando fisionamos (rompemos) un átomo, lo que hacemos es, nada más y nada menos, que ¡liberar gran parte de aquella energía que un día aportó una estrella para fabricarlo contra natura! En eso consiste precisamente la energía nuclear, un juego peligroso que equivale a la domesticación de estrellas.

Podríamos decir que una supernova es a la fotosíntesis, lo que la fisión de un átomo es a la respiración celular. En el caso de la supernova y la fotosíntesis se genera algo más complejo contra natura y en el caso de la fisión y de la respiración se recupera buena parte de la energía invertida originalmente. Lo que tienen en común es que tanto en la fisión como en la respiración acabamos liberando el trabajo hecho por una estrella. En el caso de la respiración la estrella es nuestro sol claro. En la membrana de las mitocondrias, durante la respiración, se genera un voltaje equivalente al de un rayo (1) ¡No son unas pilitas celulares de nada las que nos mantienen activos!

Así pues, obtener energía para la vida animal consiste en juntar primero cosas que quieren estar separadas, con ayuda de los fotones solares, para que se separen después según la tendencia espontánea de la naturaleza. En el primer proceso se produce oxígeno como gas de desecho y en el segundo se consume al quemar los azúcares previamente sintetizados contra-corriente.

Algunas lecciones a recordar

La próxima vez que miremos correr el agua de una fuente conviene tener presente que ese líquido maravilloso nos hace, como mínimo, un doble regalo. Por un lado, proporciona las partículas cargadas que las plantas emplean como fuente de "electricidad" para sintetizar la comida de los herbívoros. Y, por otro, produce como desecho el oxígeno que respiramos.

Tampoco conviene olvidar que liberar oxígeno, cuando la atmósfera carecía de él, fue un gran "atentado ecológico" (seguramente el mayor que ha tenido lugar en la historia de la vida), y acabó de un plumazo con toda la vida basada en la ausencia de oxígeno (la denominada vida anaerobia) la que existía hasta entonces.

Por último también es preciso recordar que el oxígeno presente en el aire que respiramos actualmente procede en su mayor parte de la actividad de los microorganismos marinos con capacidad fotosintetizadora; pero no sólo de los actuales, sino de su actividad acumulada a lo largo de un periodo de tiempo tan largo que desafía a la imaginación humana. De ahí que no se mantenga la idea de que es preciso conservar las selvas tropicales porque son los pulmones del planeta. ¡Sobran motivos para hacerlo sin acudir a argumentos incorrectos!

Detalle del envés de una hoja de higuera (Ficus carica). Gracias a la radiación solar las plantas consiguen "electricidad" a partir del agua. Con ayuda de los fotones rompen la molécula de agua y emplean sus electrones e iones de hidrógeno de carga positiva para sintetizar posteriormente azúcares complejos, fijando el escaso dióxido de carbono de nuestra atmósfera actual. Foto del autor.

Mirar un árbol

A veces me vienen a la mente recuerdos de viejos programas de televisión que marcaron de alguna manera mi adolescencia, cuando uno adolece de casi todo. En un Detective anterior ya hablé del programa La segunda oportunidad *y ahora pensaba en aquel de* Mirar un cuadro*. La oferta era entonces escasa, pero al menos lo que se hacía era de alta calidad; justo al contrario que ahora. En aquel programa, emitido en 1982-1984 y 1988, Alfredo Castellón nos enseñó a interpretar 109 obras del Museo del Prado y de otras pinacotecas españolas. Hoy quisiera emularle, pero no mirando una obra de arte humana, sino una obra de arte de la naturaleza: un árbol. Hablaré de cómo mirar un árbol para sacarle el máximo partido intelectual.*

Si pensamos en árboles, en tipos de árboles, nos suele venir a la cabeza la típica clasificación que los divide en dos grandes bloques: los de hoja perenne y los de hoja caduca. Sin embargo, hay otra división ecológicamente relevante que no solemos tener tan en cuenta: la que separa a los árboles del dosel de aquellos que integran el sotobosque. Por ejemplo, un roble sería un árbol del dosel, mientras que majuelos y avellanos pertenecerían al sotobosque. Es más, la ecología de los árboles del sotobosque se ve influida por la de aquellos que se enseñorcan por encima de sus copas.

Pensar en estos términos nos permite explicar cuestiones curiosas; como, por ejemplo, por qué florecen los almendros en pleno invierno, antes de que llegue la primavera. La manera más adecuada de explicar esta aparente aberración, ya que muchas veces se salda con la pérdida de un gran número de flores y la consiguiente mengua posterior en la cosecha de frutos, probablemente sea trasladar al almendro a su ambiente originario. El almendro (*Prunus dulcis*) procede de las regiones montañosas de Asia central, desde donde fue dispersado por los fenicios por todo el Mediterráneo.

Así pues, en Iberia está fuera de sitio, aunque es obvio que se da bien.

En sus montañas de origen, el almendro debía comportarse como un pequeño árbol del sotobosque que prospera a la sombra de árboles caducifolios de mayor talla. En tales circunstancias resulta ventajoso florecer lo antes posible, antes de que lo hagan los grandes árboles del dosel y acaparen los insectos disponibles. La opción es arriesgada, porque florecer en pleno invierno (o sea, en cuanto la temperatura pasa de los 6ºC en el mes de febrero) puede salir caro en términos de descendencia. Pero, a la larga, es mejor tener éxito de vez en cuando que no tenerlo nunca. Sobre todo si intentamos competir con esos gigantones que hay sobre nuestras cabezas.

Una estrategia bien planificada

Otro asunto curioso, en el que a menudo no reparamos, es el orden en el que se dan los sucesos. Los árboles, por regla general, lo primero que hacen es florecer en cuanto apunta la primavera. Es decir, el número de flores no depende de las condiciones del árbol en el año presente, sino de las que se dieron en el año anterior, de las reservas que haya conseguido acumular. Así pues, el éxito reproductor del año en curso tiene mucho que ver con lo que pasó hace un año. El árbol se da prisa en emitir sus flores, las cuales son bastante baratas y no representan un excesivo consumo de energía. Así que pueden producirse rápidamente y en masa. ¡Hay que asegurarse de que los insectos acudan a polinizarlas! Unos insectos ansiosos de recursos tras los fríos invernales y unas flores especialmente vistosas siempre que no queden ocultas por las hojas.

Sólo una vez que las flores están ya fecundadas despliega el árbol los paneles fotovoltaicos que representan sus hojas, para empezar a dotar de recursos a los frutillos en desarrollo. Ahora sí que requiere mucha energía para fabricar frutos grandes y complejos, atractivos para los dispersores de semillas, que es de lo que se trata al fin y al cabo en el juego de la persistencia sobre la biosfera. Por ejemplo, los frutos del madroño (*Arbutus unedo*), que son complejos y voluminosos, han de empezar a prepararse ya desde el año anterior y por eso hay arbolillos en flor cuando todavía persisten en sus ramas los frutos del otoño pasado.

Procesos en acción

En un árbol suceden innumerables procesos a lo largo del día. A pesar de su condición sésil, no falta dinamismo en sus vidas. Un proceso especialmente curioso es el de la redistribución del agua. El agua está entre los intersticios de las capas del suelo y, desde allí, tiene que llegar hasta lo alto de las copas de los árboles. ¿Cómo se las apañan? El mecanismo es curioso. A falta de una bomba tipo corazón, los árboles evaporan agua a través del envés de sus hojas y con ello generan una fuerza de succión de abajo arriba. Así de sencillo y de eficaz.

En realidad no lo hacen a propósito. Sencillamente las moléculas de agua son mucho más pequeñas que las de dióxido de carbono (por cada molécula de dióxido de carbono que entra salen entre 100 y 500 de agua) de manera que cuando el árbol abre sus estomas (esas ventanas ubicadas en el envés de las hojas) para captar CO_2 pierde agua sin querer. Un agua que se ha de reponer. El agua que se pierde por arriba tiende a ser reemplazada desde abajo: el proceso se llama evapotranspiración. Los árboles suelen hacer eso durante el día, aprovechando el calorcito del sol, excepto los que viven en climas muy calurosos que trabajan sólo de noche para evitar deshidratarse. La evaporación es mucho más débil durante la noche en climas templados y, por tanto, la succión del agua no da para llevarla hasta las copas, sino hasta la superficie del suelo. Lo cual tiene una ventaja para el árbol y es que el agua queda a la altura de sus raicillas secundarias, que son las que absorben mejor las sales minerales que la planta necesita para el desempeño de sus funciones vitales. Pero tiene además un efecto asociado que beneficia a muchas otras especies de plantas que crecen a su alrededor, que pueden aprovechar ese efecto de gran proveedor o facilitador de agua que desempeña el árbol, especialmente en climas mediterráneos donde ésta escasea en verano. No dejéis de releer el estupendo trabajo de Prieto y colaboradores al respecto, publicado en la revista *Quercus* en 2013 (1).

Mientras esto sucede, el árbol está haciendo muchas otras cosas a la vez. Como un automovilista multitareas, que mientras conduce busca una emisora de radio o bebe un trago de agua. El proceso más obvio es el de la fotosíntesis, claro, del que ya hablé con detalle. Las plantas van fabricando su cuerpo prácticamente a partir de la "nada", en el sentido de que lo construyen sin apenas elementos sólidos. Los azúcares complejos de las plantas se sintetizan a partir del dióxido de carbono atmosférico y rompiendo moléculas de agua con ayuda de los fotones solares para extraer su electricidad interna en forma de electrones y átomos de hidrógeno cargados positivamente. La fotosíntesis es la magia del mundo vegetal. Obtener algo sólido a partir de gas y un líquido. Un antiquísimo descubrimiento del mundo bacteriano, de las cianobacterias en concreto que, gracias a ellas, acabó pasando al mundo de las plantas terrestres. Un invento que ya quisiéramos los humanos saber imitar con igual eficiencia. Se acabarían todos nuestros problemas energéticos actuales y futuros de un soplido.

Guerra química

Además de fotosintetizar y bombear y redistribuir agua, los árboles despliegan varios tipos de estrategias vitales que tienen a la química como protagonista. Pueden, por ejemplo, generar compuestos que impiden el crecimiento de otras plantas en sus cercanías, para evitar competidores molestos. El fenómeno se denomina "alelopatía", que no es una extraña "enfermedad de los alelos", como parece sugerir tan desafortunado nombre. La alelopatía es muy habitual en ambientes donde escasean el agua o las sales del suelo y hace falta mantener a raya a los que buscan lo mismo.

Otro tipo de guerra química muy curioso es el que tiene lugar entre los árboles, sus potenciales consumidores de hojas y los depredadores de ellos (2). Ninguna planta quiere perder sus paneles fotovoltaicos, pues le va la vida en ello. A tal efecto, cuando comienza el ataque de un insecto herbívoro, la planta es capaz de aumentar sus concentraciones de taninos tóxicos o de emitir compuestos volátiles que no sólo advierten a sus vecinos de lo que está sucediendo para que preparen sus propias defensas químicas, sino que esta información puede ser percibida por insectos depredadores o por las avecillas insectívoras del bosque, que acudirán al árbol que emite tan desesperadas señales de ayuda librándolo de su plaga.

¿Cómo ha podido evolucionar semejante cosa? Probablemente empezase como una comunicación entre distintos pies arbóreos (clones, individuos conectados en red por medio de hifas de hongos, parientes cercanos) que con el tiempo fue cortocircuitada por aves e insectos, con beneficios para ambas partes.

Cooperación

Pero no todo son guerras ahí fuera. También hay mucha cooperación en el funcionamiento de un bosque. Las raíces de los árboles (en torno a dos tercios de la biomasa total del bosque, del cual los árboles son sólo la punta de un iceberg) están comunicadas con las hifas de los hongos que abarrotan el suelo. El árbol proporciona carbono a los hongos y los hongos le proporcionan al árbol nutrientes, a los que llegan con sus minúsculas hifas mucho mejor que las raíces. Las hifas a su vez conectan árboles entre sí, en red. Y no sólo adultos con adultos sino a los adultos con sus jóvenes pimpollos, a los que ayudan a crecer suministrándoles el carbono que los jovenzuelos aún no son capaces de fijar. En cierta medida podríamos decir que los árboles, a su manera, alimentan a sus crías, como muchos animales. Al final animales y plantas no son tan diferentes. Acaban haciendo cosas muy parecidas, aunque mediante mecanismos diferentes. Y muchas de las cosas que son capaces de hacer son más complicadas, lo que justifica sus voluminosos genomas.

Por último, me viene a la cabeza una reflexión final. Cuando miremos un árbol que sea de verdad viejo, como un olivo múltiples veces centenario, conviene reparar en que casi todo lo que vemos es materia muerta. La vida ya sólo corre fugazmente por su floema, las venas del mundo vegetal.

Bosque de robles carballos (Quercus robur), castaños (Castanea sativa) y avellanos (Corylus avellana). Hay árboles de dosel y árboles de sotobosque. La floración invernal de algunos árboles, como el almendro (Prunus dulcis), sólo puede entenderse si nos trasladamos a los ecosistemas originarios y analizamos su papel como integrante del sotobosque. Foto del autor.

Como un huevo y una castaña

La unidad de la vida es un hecho evolutivo, hasta tal punto que las sustancias fotorreceptoras de nuestros ojos parecen remontarse a las cianobacterias. Sin embargo, plantas y animales se separaron tan temprano en la historia de la vida que ni la ecología ni la evolución de ambos reinos son totalmente equiparables.

Aspiramos a tener leyes biológicas universales. Un deseo que no podrá hacerse realidad hasta que la exobiología, o biología de la vida extraterrestre, sea un hecho. No es un propósito imposible, pero sí difícil de conseguir. Casi tanto como tratar de conocer nuestra propia ecología en ambientes donde coincidieran varias especies de humanos. En realidad esa extensión heteroespecífica de nuestra naturaleza, a la que se debe que llevemos a cuestas el ADN de al menos cuatro especies de homínidos, quedará para siempre en el cajón de los deseos.

Parece más asequible, sin embargo, tratar de disponer de una biología que unifique toda la vida de nuestro planeta, sin duda una de las actividades más serias a las que puede dedicarse el intelecto humano. Procariotas, protistas, hongos, plantas y animales compartimos las mismas bases bioquímicas. Contamos con moléculas autorreplicantes y rutas metabólicas conservadas desde muy antiguo. Pero también somos muy diferentes.

Sésiles y móviles

Una de las principales diferencias es que las plantas son sésiles —es decir, están ancladas al sustrato— y eso determina toda su ecología. Algunos animales marinos, como corales y esponjas, tienen en eso un parecido notable con los vegetales. De hecho, las primeras formas vivas tenían simetría radial probablemente a causa de su naturaleza sésil. Si no te puedes mover del sitio, es mejor poder responder a los estímulos que te lleguen en un ángulo de 360º. Los animales bilaterales evolucionamos en realidad a partir de las larvas de las formas sésiles, que sí son móviles. Nuestra simetría bilateral proviene de ahí.

Que las plantas sean sésiles implica que no pueden salir corriendo ante una situación de peligro, como la que representa un herbívoro, y por eso han desarrollado todo tipo de sustancias químicas de protección. Por eso recurrimos a las plantas (y los animales sésiles marinos) en busca de posibles curas para nuestras enfermedades y no tanto a los animales terrestres móviles. En realidad, en mayor o menor medida, todas las plantas son tóxicas. Quieren que se consuma su néctar y su polen, porque con ello consiguen reproducirse sexualmente. También quieren que se consuman sus frutos, porque logran así dispersar sus semillas. Pero de ninguna manera quieren perder sus partes verdes fotosintéticamente activas, las placas fotovoltaicas de donde emana la energía química para fabricar precisamente su néctar, su polen y sus semillas. Así pues, es normal que los niños tengan una tendencia innata a evitar el consumo de verduras. Sus hígados, nuestros órganos por excelencia para eliminar sustancias tóxicas, están poco desarrollados y pequeñas dosis de hojas (pongamos inofensivas lechugas o espinacas) podrían resultarles dañinas. A eso se añade que encima no dejamos a los pobres niños comer tierra, cuando muchas veces lo intentan de forma instintiva. Ese hábito de comer barro tiene mucho sentido entre herbívoros y frugívoros, porque la arcilla también contribuye a eliminar tóxicos. La cocción tradicional en recipientes de barro debía ayudar en este proceso de eliminación de sustancias indeseadas en los vegetales cocinados (1). La cocción en cualquier recipiente es nuestra estrategia para vencer los tóxicos de las plantas; una ventaja a la que llegamos sólo después de dominar el fuego.

Los animales, por el contrario, podemos salir corriendo ante un peligro y no necesitamos estar dotados de un arsenal químico, como las plantas. Los que sí han desarrollado su propio arsenal de defensas químicas tienen escasa capacidad de desplazamiento y lo advierten a las claras con colores llamativos, para que quede claro el riesgo de ingerirlos. Es el caso, por ejemplo, de las coloridas babosas marinas (nudibranquios), lentas pero seguras.

Conservar plantas

De manera que conservar animales y plantas son empresas muy distintas, aunque a menudo nos empeñemos en aplicar las mismas reglas y estrategias a ambos mundos. Para empezar, es muy difícil asegurar que una planta se ha extinguido. La razón es que, aunque no la veamos durante años, sus semillas pueden estar presentes (aunque dormidas) en el suelo. De manera que, si llegan a darse determinadas condiciones ambientales, la planta vuelve a germinar para sorpresa de propios y extraños. Eso es impensable en el mundo de la conservación animal.

Los espacios protegidos probablemente tienen más sentido para seres sésiles que para seres móviles, a no ser que sean de enorme extensión o que se diseñen a modo de red en la que queden cerca unos de otros. En realidad, son islas inmersas en una matriz modificada y, en gran medida, inhóspita. Serían el equivalente de islas (no oceánicas, es decir, no volcánicas) que se originan sobre la plataforma continental con los ascensos del nivel del mar. Zonas que antes estaban unidas al continente y que luego quedaron separadas entre sí. Su destino, según predice la teoría ecológica, es la pérdida progresiva de especies desde el momento del aislamiento (2). Imagino que este problema es menos exagerado en el caso de las plantas, que en poblaciones isleñas desarrollan adaptaciones ante la escasez de individuos de la misma especie y también de polinizadores. Por ejemplo, pueden autofecundarse o modificar su ciclo reproductor para hacer más probable la polinización (3). Todo esto es impensable en el mundo animal. Sólo la dispersión en un paisaje fragmentado puede mantener a las especies en el tiempo, pero a cambio de un alto coste; o si no, que se lo digan a los casi 20 linces atropellados en el año 2014 en España.

Evolución en plantas y animales

Es tentador separar a plantas y animales como organismos que en el pasado domesticaron, respectivamente, cloroplastos y mitocondrias de vida libre. Pero sería falso. Las plantas no sólo tienen cloroplastos, sino también mitocondrias. Podríamos decir que las plantas son más complejas que los animales a escala celular. Gracias a los cloroplastos, fabrican su propio alimento a partir de la nada, como ya dije en otra ocasión (4), y luego queman lo sintetizado en las mitocondrias para recuperar la energía química contenida en los enlaces de esas moléculas, cuando la luz no está presente. De hecho la productividad efectiva de una planta es la resultante de restar a la fotosíntesis la respiración. Nosotros, los animales (seres heterótrofos), no seríamos nada sin las plantas; nuestra evolución habría sido inviable y, desde luego, ellas nos precedieron. Lo más parecido a una quimera planta-animal son algunos protistas (un tipo de paramecio o ameba) portador de cloroplastos. Pero los protistas (antiguos proto-zoos) no llegan a ser verdaderos animales (eu-meta-zoos), como no lo son tampoco las esponjas (para-zoos).

El argumento de mayor peso que separa a animales y plantas es el que Carlos M. Herrera aborda en la introducción de su libro sobre la alta variación dentro de un mismo individuo vegetal y como ello determina su interacción con los animales (5). Hace referencia a las diferentes estrategias de desarrollo en animales y plantas, diferencias debidas a que sus caminos evolutivos han sido independientes. En los animales, los linajes celulares reproductivos y somáticos divergen temprano en la embriogénesis, mientras que en las plantas las estructuras vegetativas y las reproductoras comparten un linaje celular común. Es decir, las células de las plantas retienen todo el potencial de diferenciación hasta muy tarde a lo largo de su desarrollo. Esto hace que sean seres modulares, construidos por repetición de un mismo módulo: el metámero. Las plantas son como un juego de construcción para niños, que fabrica el todo mediante adición de una secuencia de piezas idénticas, bajo la influencia de las características del medio.

Dos reinos, dos teorías

En definitiva, tanto la naturaleza sésil de las plantas como sus peculiaridades somáticas y el hecho de poder reproducirse asexualmente, hacen de ellas unos seres en los que la evolución procede por caminos muy distintos a los del reino animal. Así, en las plantas, las mutaciones somáticas (es decir del cuerpo) pueden ser transmitidas a las células reproductoras (gametos); la poliploidía (organismos con más de dos series completas de cromosomas) es habitual entre ellas y da lugar a nuevas especies vegetales de forma rápida; y la epigenética, que frecuentemente dota a las inmóviles plantas de plasticidad fenotípica (como fabricar hojas punzantes en su parte baja, al alcance de los herbívoros) es un mecanismo evolutivo más frecuente en el reino vegetal, aunque también se da en el reino animal (6).

Como dice Herrera, puede que necesitemos dos teorías evolutivas: una para las plantas y otra para los animales. La evolución se ha estudiado mucho más en los animales que en las plantas y las conclusiones obtenidas en un grupo no son necesariamente válidas para el otro. Eso nos aleja del ideal científico de obtener principios universales. Pero si Einstein y la teoría cuántica matizaron a Newton en lo tocante a las leyes físicas que son aplicables a lo muy grande (planetas) y a lo muy pequeño (partículas subatómicas), no es de extrañar que en biología nos veamos forzados a reconocer que las plantas y los animales, aun teniendo un origen común, son tan distintos como un huevo y una castaña. Ambos escogidos, medio en broma, como ejemplos de unidad reproductora de animales y plantas.

Una castaña y un huevo de gallina. Símbolos de las enormes diferencias que median entre los mecanismos reproductores de animales y plantas, a pesar de tener un origen evolutivo común. Foto del autor.

Estoy saturado

Bueno, no es que yo esté saturado, pero me gustaría hablaros de cómo se saturan los sistemas naturales. No pueden con todo y, gracias a ello, se libran de que los explotemos hasta la saciedad. La ecuación no es tan sencilla como "dame esto, esto y esto, y produzco sin parar". Pasa con los seres humanos... y con los no humanos, también.

Los naturalistas conocen desde muy antiguo las relaciones entre depredadores y presas, esas que tanta pasión despiertan en los documentales televisivos de la sobremesa. Pero hasta los años veinte del siglo pasado nadie trató de representarlas mediante unas ecuaciones matemáticas que permitieran hacer predicciones prácticas. ¡No salgáis corriendo! Prometo que la historia será bastante entretenida.

La tarea fue abordada (al mismo tiempo, pero de forma independientemente, como pasa tantas veces en ciencia) por el italiano Vito Volterra y el estadounidense de adopción Alfred Lotka. Estos dos matemáticos pensaron que, a medida que aumenta el número de depredadores o de presas, será mayor la probabilidad de que unos se encuentren con las otras. Bien porque hay muchos depredadores, bien porque hay muchas presas o bien por ambas cosas a la vez. En la fórmula que desarrollaron, la velocidad a la que crece una población de presas sólo dependía de dos aspectos: aquello que genera presas (el crecimiento natural de las poblaciones al reproducirse exponencialmente) y aquello que elimina presas (la mortalidad infligida por los depredadores). A su vez, dicha mortalidad dependía proporcionalmente del número de encuentros entre depredador y presa que termina en una captura con muerte, lo cual depende de la eficiencia del depredador y de la abundancia de los dos agentes implicados.

Linces y conejos

Pensando en un ejemplo práctico, el crecimiento de una población de conejos depende de cómo se reproduzcan y de cuántos sean capturados. Se supone que los linces capturarán más conejos cuanto más abundantes sean los lagomorfos, cuanto más numerosos sean los propios linces o ambas cosas a la vez. Pero, claro, todos sabemos que esta es una visión simplista del asunto. No es verdad que cuantos más conejos haya más cazarán los linces, porque llega un momento en que los linces... se saturan. No dan abasto. Puede que la fórmula funcione hasta alcanzar una densidad hipotética de 1.000 conejos por hectárea, pero si hay 1.100 ó 5.000 los linces cazarán el mismo número de conejos porque lleva un tiempo atraparlos, procesarlos y digerirlos. Por tanto, la relación entre el número de presas consumidas y su abundancia no es lineal. La curva que representa el consumo de conejos por los linces aumenta cada vez más lentamente a medida que crece el número de presas disponibles. Es decir, tiene rendimientos decrecientes hasta que llega al punto de saturación; entonces alcanza una meseta y de ahí ya no se mueve. El motivo es que la proporción de capturas decrece a medida que aumenta la densidad de presas. Por eso las poblaciones grandes de conejo soportan mejor la depredación que las pequeñas. Aunque también es cierto que, si las poblaciones son muy muy pequeñas, la tasa a la que los linces capturan conejos también baja, debido a la dificultad para localizarlos. Es decir, la proporción de conejos consumidos por linces alcanza un máximo a densidades intermedias de conejo. Los linces cazan proporcionalmente más cuando los conejos no son ni muy escasos ni muy abundantes. Dicho sea de paso, probablemente eso explica cómo es posible que a pesar de que los tramperos han capturado decenas de miles de castores o de nutrias marinas no hayan acabado con ellas. Por debajo de cierta abundancia el esfuerzo por localizarlas no compensa. ¡Menos mal!

Esta misma estrategia también les funciona muy bien a los árboles que, de vez en cuando, producen frutos en cantidades ingentes. Es el caso, por ejemplo, de las encinas o los acebuches, que son veceros. Los años de cosecha masiva, los consumidores (zorzales o ardillas) acabarán saciándose a partir de un cierto grado de consumo, con lo cual muchos frutos quedarán disponibles para generar nuevas encinas o nuevos acebuches.

Estancamiento por competencia

Además, el tamaño de las poblaciones no sólo se regula por depredación. También actúan otros procesos ecológicos como el parasitismo o la competencia. En cada grupo de especies pesa más uno u otro de estos procesos. En el caso de los conejos, el crecimiento puede depender del tamaño de su población o de la cantidad de otros herbívoros que coman lo mismo. A bajas densidades, la población crecerá de forma muy rápida pero, a medida que se vayan acumulando conejos, el alimento empezará a escasear y hará que la velocidad de crecimiento se ralentice.

Ese momento, por ejemplo, no ha llegado todavía en las poblaciones humanas. Hemos pasado de menos de 5 millones de personas en el Paleolítico a 7.000 millones a comienzos del siglo XXI. No está mal. Pero el actual ritmo de crecimiento no se mantendrá eternamente. Llegará un punto en que actuará la denso-dependencia, es decir, que cada vez tocaremos a menos. Debido a nuestros avances tecnológicos es muy difícil predecir cuándo vamos a alcanzar dicho punto. Ahora tiramos entre el 30 y el 40% de la comida que se produce, por lo que no parece que ésta sea un factor limitante. Podrían llegar a serlo las fuentes de energía. Pero si los combustibles fósiles fueran tan escasos que resultaran inasequibles al bolsillo medio, quizá la humanidad acabaría desarrollando la energía nuclear de fusión o la hidrólisis barata del agua (imitando a las plantas) para obtener hidrógeno limpiamente. Por tanto, el nivel de saturación humana del planeta, su capacidad de carga, es una variable difícil de predecir.

El número de especies

Con anterioridad ya dejé caer que los procesos capaces de determinar el número de especies en una región biogeográfica no tienen por qué basarse en la saturación (1). Siguiendo a Wilson y MacArthur parecería que sí, que el número de especies se satura cuando llegan nuevas especies desde fuera del sistema al mismo ritmo que se extinguen localmente. Pero este razonamiento pasa por alto que las especies pueden surgir in situ y que aparecen con mayor rapidez cuantas más haya. Es decir, las especies llaman a las especies, como el dinero llama al dinero. Un ambiente cargado de especies puede fomentar la macro-especialización, lo cual conduce a la generación de nuevas especies, llevando a ecosistemas lejos en este caso de la saturación. Los nichos ecológicos muchas veces más que existir son construidos por las propias especies. Así pues, es imposible saber cuántas especies llegará a tener un ecosistema dado. Que la diversidad llame a la diversidad puede ser uno de los factores que hay detrás del elevadísimo número de especies que encontramos en las latitudes tropicales, aunque no el único. Si los nichos estuvieran definidos a priori y todos rellenos no podría entrar nadie más en los sistemas naturales. Los nichos ecológicos se construyen gracias a la presencia de otras especies y gracias a la gran plasticidad de los seres vivos que se encajan en las redes ecológicas sin que la evolución tenga nada que ver. Prueba de que los ecosistemas están lejos de la saturación es la entrada de especies exóticas.

Las plantas no se dejan explotar

También hemos hablado en capítulos anteriores de cómo se las apañan las plantas para construir su cuerpo con el carbono presente en el aire que respiramos, en forma de dióxido de carbono (2). No hace falta ser muy vivo para darse cuenta de que las plantas deberían estar de enhorabuena si ahora estamos aumentando artificialmente la concentración de este gas en la atmósfera. Por cierto, una concentración que es muy baja, pues se mide en partes por millón y no en tantos por cien como la del nitrógeno y la del oxígeno. Pero esto es sólo parcialmente cierto y viene a ser un caso similar al de los conejos y los linces. Hasta cierta concentración de carbono la planta aumenta su productividad, pero llega un momento en el que la maquinaria fotosintética se satura. ¿Por qué? Porque existe un compromiso entre la fijación de carbono y la de nitrógeno. Si se fija mucho carbono necesariamente ha de fijarse poco nitrógeno y la planta necesita nitrógeno para sintetizar proteínas. Así pues, las cantidades de carbono y nitrógeno son interdependientes, van unidas. Esta relación varía según el grupo de plantas, de modo que algunas se dejan explotar mejor que otras en ambientes ricos en carbono. Esto me recuerda un poco a la ley de las proporciones definidas, desarrollada por el químico francés Louis Proust cuando daba clases en el Real Colegio de Artillería de Segovia en 1795: cuando se combinan dos o más elementos para formar un compuesto lo hacen en unas proporciones constantes en masa. Es decir, ya puedes aumentar la cantidad de uno de los constituyentes del compuesto que como no haya la cantidad necesaria del otro no se formará más compuesto. La relación entre carbono y nitrógeno en el mundo vegetal debería llamarse ¡Segunda ley de Proust! Así pues no hemos de esperar que los bosques o las praderas de Posidonia sean sumideros sin fondo para el carbono atmosférico. No es tan sencillo.

Lecciones prácticas

Las curvas de saturación pueden venirnos muy bien incluso para ahorrar trabajo. Por ejemplo, muchas veces se dedica más trabajo de campo de la cuenta para resolver un problema biológico. Sin embargo, por encima de un número de horas o de personas, el rendimiento no aumenta sino que se queda estancado. Es importante identificar esos puntos de estancamiento para optimizar la relación entre coste y beneficio de nuestro trabajo y no hacer esfuerzos en balde.

Detalle de las flores de una digital (Digitalis purpurea). Las plantas no se dejan explotar; aunque les demos más y más carbono, no producen más y más azúcares. La maquinaria fotosintética se satura. Si fija mucho carbono, fijará poco nitrógeno, y la planta necesita ambos elementos. Foto del autor.

Una tarde de dos instantes: raíces biológicas de la xenofobia

Muchas actividades humanas consisten en contemplar de forma prolongada un evento, un fenómeno o una manufactura. La del naturalista, sin embargo, se compone con frecuencia de instantes, de observaciones momentáneas aunque, eso sí, gloriosas.

Este capítulo será un relato de un par de instantes. Un breve relato de momentos vividos en el campo que han sido fuente de inspiración y reflexión además de enorme disfrute.

Residentes e intrusos

Llevaba mucho tiempo con la idea de escribir algo así. El detonante fue algo que me ocurrió el 16 de enero de 2015, alrededor de las seis y media de la tarde. Había salido de paseo campestre, como suelo hacer diariamente después del trabajo, y me dirigí a las riberas del río de mi pueblo adoptivo (de cuyo nombre no puedo acordarme) en Galicia. Ante la algarabía orquestada por tres cornejas alcé la vista hacia la copa de los árboles y vi que el jaleo procedía de un riña entre córvidos de negro plumaje y un ratonero que trataba de posarse en una rama. Las cornejas delataron su presencia con graznidos, algo que también hacen las urracas, y luego persiguieron al ave de presa hasta conseguir que se alejara. Sé que no es un hecho extraño ni infrecuente, pero pocas veces nos paramos a pensar por qué ha de ser así. ¿Por qué la familia de los cuervos ha de repudiar de tal manera a las aves de presa? ¿Sólo demuestran tal saña con las rapaces? En Gales recuerdo haber visto una escena similar protagonizada por cornejas y una garza real. ¿Acaso los ratoneros y las garzas son potenciales depredadores de cornejas? Lo dudo mucho, fuera del expolio ocasional de algún nido.

El odio instintivo de las rapaces diurnas hacia las rapaces nocturnas tampoco termina de estar muy fundado en la depredación. ¿Es el búho real un habitual depredador de aguiluchos cenizos y halcones de Eleonora? Realmente, no. Y, sin embargo, nuestros colegas de la

Universidad de Alicante emplean con éxito ese viejo conocimiento de los cetreros para capturar aguiluchos y halcones que luego marcan con fines científicos.

Yo tengo la sospecha de que esas reacciones agresivas se deben a que los habitantes de un lugar tienen respuestas xenófobas ante todo lo que sea ajeno a su comunidad. Bueno, más bien hasta que el extraño se integra en la comunidad. También sucede entre los humanos. Pensemos en el trivial acto de coger un autobús: cuando accedes al vehículo y estás pagando el billete, el resto de los viajeros te percibe como un elemento hostil. No encuentras el beneficio de la duda en la mirada de la gente que, sentada, forma la "comunidad" instantánea residente del autobús. Eres sospechoso de todo. Sin embargo, avanzas por el pasillo y en un acto de valentía —y también de demostración de paz— ocupas tranquilamente un asiento vacío. En ese momento has sido aceptado por la comunidad y tú mismo te conviertes en residente y evaluador del posible peligro que entrañe el próximo que entre por la puerta. Todo sucede en cuestión de segundos o décimas de segundo y de manera inconsciente. Pero sucede y todos lo sabemos.

Pues algo similar creo yo que pasa en las comunidades animales. Ese ratonero y esa garza, que las cornejas persiguieron, probablemente no eran residentes habituales de aquel territorio, de aquella arboleda. Y las cornejas lo saben. Estoy proponiendo, sí, que los animales residentes se conocen individualmente en el seno de una comunidad. Que tienen nombre y apellidos. También creo que las ovejas que pastan en un prado conocen el sonido individual que hace el cencerro que llevan colgado al cuello las otras. Si entrase una oveja nueva el rebaño con un nuevo sonido al cuello lo percibirían al instante. Lo que se rechaza es lo extraño, lo foráneo. Hasta que se conoce y se incorpora. Es un rechazo instintivo con bases biológicas profundas que la especie humana maneja culturalmente, con mejor o peor acierto, gracias a su pensante corteza cerebral. Es decir, todo lo anterior implica que la xenofobia pueda tener bases biológicas, lo cual es una ayuda para entender mejor el porqué de hacer determinadas cosas de las que la sociedad del siglo

XXI en su conjunto no se siente nada orgullosa. Conocer nuestras vulnerabilidades es el primer paso para poder evitarlas.

Buena parte de los pueblos indígenas del planeta se llaman a sí mismos "la gente". Es decir, piensan que son los únicos habitantes del mundo y todos los demás son otra cosa distinta y sospechosa. Esa xenofobia instintiva se ha ido domeñando con la cultura, con la vida sedentaria en grandes urbes multiculturales. La aceptación humana del extraño, del extranjero, es relativamente reciente ¡y un gran logro de la humanidad! Pero ahí fuera, en la naturaleza, las leyes del rechazo a lo extraño siguen operando. Esta es una hipótesis fácilmente contrastable e invito a quienes tengan oportunidad de estudiarla a que lo hagan. Por ejemplo bastaría con poner en Columbretes un señuelo de pelícano o de flamenco (por citar dos especies de aves voluminosas y no depredadoras de halcones) y observar la reacción de los halcones de Eleonora. Me encantaría conocer los resultados y, si estoy equivocado, admitirlo y plantearme una nueva explicación para tales hechos. Así funciona el método hipotético-deductivo de la ciencia moderna.

La comunidad de las nutrias

El caso es que aquel suceso me hizo pensar. Volvía a casa satisfecho, pues un instante que da para reflexionar así bien premia una tarde entera, un día entero. Pero hubo más. Aquella fue una tarde de dos instantes. Había llovido por la mañana y el río venía recrecido y achocolatado. Lo miré de reojo, ya con la luz cayendo, y me pareció ver un objeto alargado flotante, como un tronco a la deriva. Lo curioso del asunto es que navegaba río arriba, es decir, ¡contracorriente! Sí, había dado la casualidad de que en ese instante que miré hacia el río pasaba una nutria nadando. Había acudido al río montones de veces a ver si tenía el gusto de observarlas, pero siempre con resultados negativos. Muchas esperas saldadas con fracasos. Y justo en aquel momento, en el que aún tenía cornejas, autobuses y ratoneros en la cabeza, aparece la nutria como un regalo caído del cielo. A los pocos segundos salió caminando del agua en una zona de pendiente suave, desprovista de vegetación, dio una vuelta sobre sí misma y estornudó. Deduzco que le había entrado agua en las fosas nasales debido a la fuerza que traía el río crecido y por navegarlo en contra de la corriente. Después re-emprendió su acuático camino río arriba, nadando. Al entrar en el agua se dio cuenta de mi presencia y, sin ponerse demasiado nerviosa, se sumergió y buceó unos diez metros, saliendo de nuevo a la superficie y retomando su camino hacia la cabecera.

En este caso la reflexión vino ligada a la actividad diurna de la nutria y a cómo se han habituado estos singulares mustélidos del siglo XXI a una presencia humana que hoy en día resulta inofensiva. Un tema, el de la moderna fauna sin miedo, al que acudo recurrentemente en las páginas de *Quercus*. Hasta hace unas pocas décadas, las nutrias eran perseguidas por la piel, pero sus poblaciones se han recuperado enormemente durante los últimos 50 ó 60 años de tregua. Ahora se mueven sin problemas a plena luz del sol y no eluden las zonas altamente transformadas por nuestras actividades. A la hora de cazar buscan las aguas remansadas de los embalses, las presas de antiguos molinos e incluso las lagunas de las estaciones potabilizadoras o de los campos de golf. Soportan cauces hormigonados, comen cangrejos americanos y peces introducidos. ¿Dónde queda la imagen idílica de las nutrias como habitantes de las cabeceras impolutas y prístinas de los ríos? ¿De la nutria especialista e indicadora de calidad de las aguas? Se esfumó. *Gone for ever*. Y, afortunadamente, emergió una nutria superviviente, plástica, ecléctica, generalista, nada sibarita, todoterreno. Digo afortunadamente porque, en caso contrario, no habría llegado hasta nuestros días.

Después de reflexionar sobre las cornejas, sentí que las nutrias habían incorporado a los seres humanos como parte del decorado en su vida cotidiana. Unos extraños mamíferos bípedos, ruidosos y curiosos, pero inofensivos. Ocupamos nuestro asiento en el autobús sin meternos con ellas. Decía Wenceslao Fernández Flórez en su magnífica novela *El bosque animado* que las bestezuelas de la fraga de Cecebre se deseaban entre sí "que el hombre te ignore", como el mejor de los destinos posibles.

Nosotros, los naturalistas, no las ignoramos y estamos encantados de vivir con ellas unos instantes valiosísimos, que embellecen nuestras vidas, pues aspiramos a formar parte de su comunidad.

La imagen idílica de la nutria como habitante de cabeceras impolutas de ríos ha demostrado ser un artefacto histórico debido a su persecución en el pasado y a la contaminación de los ríos. Las nutrias del siglo XXI son generalistas y eclécticas, habituadas a la presencia de humanos inofensivos. Foto del autor.

Colmillo Blanco: raíces biológicas de la violencia de género

Nota del autor: Desearía que este capítulo sirva a las activistas del siglo XXI para tener en cuenta que se enfrentan contra fuerzas muy antiguas y poderosas en su justa lucha por un mundo sin violencia de género. Y para que no caigan, por tanto, en el desaliento. ¡Seguramente se ha avanzado más en la igualdad de género por la vía cultural en los últimos 65 años que por la vía biológica en los últimos 3 millones de años! Ese es un motivo de gran optimismo. Tratamos con un asunto que, como todos los aspectos de la conducta humana, surge de la interacción de componentes culturales (ambientales, aprendidas) y de las biológicas (heredadas, instintivas), como no puede ser de otra manera en el animal humano. Aunque yo aquí me centro en la parte biológica, esta dualidad sirve para explicar o entender (no para justificar claro) la xenofobia, las guerras y también la violencia de género. Creo que es sano conocernos en profundidad y abiertamente (*Nosce te ipsum* dice el viejo lema greco-romano) para ver cómo podemos dirigirnos hacia un ser humano mejor y de la manera más rápida posible. Quizás la mejor estrategia educativa consista en enseñar que la situación biológica de partida pudo ser una de no violencia de género y que nuestro linaje camina de vuelta hacia ella desde hace mucho tiempo. También que influencia biológica no significa determinismo biológico, porque ahí está el ambiente ejerciendo su papel de modulación. Como dice Mat Ridley, los genes son sólo "los mecanismos de la experiencia" ya que las condiciones externas los activan y desactivan de manera dinámica. Seguramente porque el origen de la violencia de género se remonta en el tiempo muchísimo más atrás que el origen del patriarcado (que está ligado a la invención de la agricultura en los albores del Neolítico) nos esté resultando tan costoso acabar con ella.

"Colmillo Blanco" (White Fang) es el hermoso título de una novela de Jack London publicada en 1906. En ella narra las aventuras y desventuras de un perro lobo salvaje, en su camino hacia la domesticación, en el soberbio escenario del Yukón canadiense durante la fiebre del oro. Pero, además, es un repaso a la violencia en el mundo salvaje y, también, entre los seres humanos.

Tomaré prestado tan sugerente título para hablar de agresividad. O, mejor aún, de cómo las hembras de nuestro linaje vienen tratando de erradicar la violencia de los machos contra ellas. Un tema tristemente candente. Lo que quiero defender en estas líneas es una idea atrevida, pero no suicida. Por decirlo simple y llanamente: creo que la lucha por la no violencia de género se remonta en el linaje humano varios millones de años atrás, aunque normalmente pensemos que su historia empieza con las sufragistas de mediados del siglo XIX.

Esta idea me vino un buen día a la cabeza viendo uno de los numerosos y estupendos vídeos de conferencias de Juan Luis Arsuaga, codirector de las excavaciones de Atapuerca, que hay colgados en Internet. Os los recomiendo. Arsuaga suele decir que a menudo comienza sus charlas sobre evolución humana poniéndose en la boca un juego de dientes de plástico, de esos que se emplean para imitar a Drácula en las fiestas de disfraces. Lo hace con la intención de mostrar cómo deberíamos ser los seres humanos si hubiésemos seguido los pasos de nuestros ancestros. Es decir, si nuestro linaje no hubiera pasado por un largo proceso de reducción de los caninos en el pasado. No sólo de reducción, sino también de aplanamiento. Nuestros caninos actuales son similares a los incisivos, ya no tienen una sección circular. Basta con ver la dentición de driles, mandriles, macacos o babuinos para darnos cuenta de que nosotros somos muy diferentes en ese rasgo en relación a la mayoría de los primates. Sin embargo, no existe una explicación convincente del porqué es así.

Posibles explicaciones

En primer lugar, es difícil encontrar una explicación ecológica que justifique por qué nuestros ancestros, empezando por *Australopithecus* o incluso por *Ardipithecus*, tuvieron una ventaja adaptativa (dejaron más descendencia) por reducir sus colmillos, siendo como son importantes armas ofensivas y defensivas. Por otro lado, no hay evidencias convincentes de que ese rasgo se diera como mero subproducto obligado por otro cambio adaptativo (por ejemplo debido al engrosamiento de los molares al pasar *Austrolopithecus* a una dieta granívora en el suelo de la sabana o como subproducto de la relajación de los músculos maseteros). Es decir, a veces los cambios anatómicos van ligados y puede ser que un cambio adaptativo conlleve la aparición de otro rasgo que no tiene nada de adaptativo. Un ejemplo claro es el número de dedos que tenemos en la mano, del que ya he hablado en otras ocasiones (1), fijado en cinco por razones de índole contingente (neutras) y no adaptativas. También es complicado saber si el cambio en un rasgo es la causa o la consecuencia del cambio en otro rasgo.

Una posible explicación (no mutuamente excluyente con la anterior idea de evolución como subproducto de algo más) es que el desarrollo tecnológico haya hecho innecesarios unos colmillos para defenderse o atacar, pero no veo la ventaja de que un macho pierda los colmillos pronunciados porque sea capaz de construir armas. Si tiene ambas cosas, ¡miel sobre hojuelas! Además, como decía más arriba, el proceso de reducción de caninos empezó muy temprano en la evolución de nuestro linaje, cuando la tecnología era aún muy básica.

Aunque las causas pueden ser multifactoriales parece que uno de los caminos más plausibles para explicar esta curiosidad de nuestra anatomía es la presión social. Como defendía Holloway en 1967, las sociedades de homínidos se fueron haciendo cada vez más cooperativas y podría haberse dado una selección a favor de los machos menos agresivos (2). Me parece plausible pero ¿cómo se daría esa selección? La única vía social que se me ocurre (sin recurrir a la selección de grupo) es la selección sexual, capaz de generar ese tipo de cambios. Y esa vía nos puede llevar muy lejos, veamos.

Las preferencias de las hembras pueden hacer maravillas, como fomentar el desarrollo desmedido de las astas de los ciervos *Megaloceros*, más conocidos como alces gigantes irlandeses. Pero por el mismo mecanismo puede lograrse el efecto contrario, la reducción de otras estructuras. Diría que las hembras de *Australopithecus,* con los que comienza el linaje de los bípedos homínidos, comenzaron a seleccionar a los machos de colmillos menores para reproducirse, por la importante razón de que probablemente fuesen menos agresivos con ellas y con sus crías. La ventaja fundamental de tener parejas poco agresivas es que, además de hacer que se reciba menos castigo físico, favorece el paso desde un sistema de emparejamiento polígamo a otro fundamentalmente monógamo. Nuestros lejanos ancestros primates eran principalmente polígamos o, para ser más exactos, poligínicos; es decir, como los actuales gorilas, cuyos enormes machos dominan un harén de hembras de menor tamaño. Ese sistema funciona bien entre primates que nacen en un estado avanzado de desarrollo, como los gorilas, y no requieren por tanto un excesivo cuidado parental. Las hembras pueden apañárselas solas en la crianza.

Sin embargo, a partir de *Australopithecus*, hace entre 4 y 2 millones de años, y más aún con la entrada en escena del género *Homo*, el cráneo humano sufre un aumento y el cerebro se expande en paralelo, o viceversa. Esta encefalización, unida a cambios anteriores en la cadera debidos al bipedismo, hace que nuestras crías nazcan mucho antes de lo que debieran en relación con nuestro tamaño corporal. Sencillamente, las que no nacieron de forma prematura en el pasado lejano murieron al no poder atravesar el canal del parto y con ellas a menudo sus madres, que no legaron sus genes a las siguientes generaciones. Los genes que nosotros portamos son los de las hembras que tuvieron tendencia a parir de manera prematura a aquellos embriones de enormes cabezas a través de un canal del parto reducido por las exigencias que el equilibrio impone al bipedismo. Un asunto complejo.

El secreto de la monogamia

El caso es que nuestras crías nacen muy desvalidas. En el lenguaje de la zoología, son crías "altriciales". En el fondo, todos hemos sido bebés prematuros. Por eso, desde tiempos remotos, las hembras del linaje humano han tratado de no estar solas en la crianza de tan torpes cachorros, lo que ha fomentado la monogamia. Han recurrido a varias estrategias, entra ellas ocultar el momento de la ovulación.

Al contrario que las hembras de chimpancé, las hembras humanas no muestran signos externos patentes de estar en estro (3), aunque haya pruebas de que los hombres somos capaces de distinguir, por pistas nimias, que nuestras parejas están ovulando, quizás porque las encontramos más atractivas (4). Al ocultarles la ovulación, los machos han de mantenerse fieles a una pareja para garantizar la paternidad de su descendencia intercambiando sexo de manera frecuente. El nombre del juego es "pasa tus genes a la siguiente generación". Ningún macho quiere cuidar a crías que no le pertenecen. Nacen así las tendencias monógamas de nuestra especie (8). Todo esto hablando desde un punto de vista estrictamente biológico; la cultura (es decir, la transmisión de conocimiento adquirido durante la vida en lugar de heredado por vía genética) sin embargo ha modulado estas cosas muy recientemente y hoy en día estamos encantados de adoptar niñas y niños que no son portadores de nuestros genes, aunque sí de nuestra influencia cultural, que es otra importante forma de herencia en el animal humano. Aunque incluso las mujeres que se implantan óvulos que no son suyos podrían ¡acabar modificándolos por vía epigenética y haciéndolos más suyos! (9).

Otras pistas que parecen indicar el gran papel de la selección sexual en la evolución de nuestra especie son el reducido dimorfismo sexual entre hombres y mujeres. Los hombres son más corpulentos y fuertes, pero no demasiado si nos comparamos con lo que pasa entre los gorilas. Tampoco destacamos al comparar el tamaño de los testículos con los de un chimpancé, más obligado a la "competencia espermática" debido a su modo de emparejamiento promiscuo (5). Otros aspectos de la anatomía humana que podrían haber estado conducidos por selección sexual son la pérdida de las espinas peneanas de queratina (y quizás también la pérdida del hueso peneano o báculo) propio de los mamíferos, con el objetivo de fomentar cópulas más placenteras para las hembras. La pérdida de las espinas curiosamente produjo, como subproducto genético involuntario, la pérdida de las vibrisas (esos sensibles bigotes tan ostensibles en las nutrias, los gatos o las focas y también presentes en otros primates), al quedar ciertos genes desactivados debido a cambios en secuencias reguladoras. La presencia permanente de glándulas mamarias aumentadas en las hembras y de largos y gruesos penes en los machos (tanto en términos absolutos entre los primates como en términos relativos en relación al tamaño del cuerpo) serían otros factores vinculados al poder de la selección sexual en nuestra especie. Cuando en carnavales pintéis bigotes de felino a vuestros hijos o les coloquéis unos dientes alargados pensad que lo que estáis haciendo va mucho más allá de imitar a un leopardo; estáis yendo hacia atrás en la historia de nuestro propio linaje.

Padres mansos

En definitiva, las hembras de los primates monógamos habrían valorado, preferido y escogido a los machos menos agresivos y de caninos más pequeños a través del tiempo profundo. Sólo así se explica que los hombres seamos hoy en día, en su inmensa mayoría, pacíficos y amorosos padres de familia. En las especies polígamas sucede lo contrario: las hembras prefieren a los machos de caninos grandes, lo que reforzó la utilidad previa de los mismos en la lucha entre machos, haciéndose así aún más grandes (6). Entre los monógamos gibones, aunque ambos sexos cuentan con grandes caninos, los machos y las hembras no difieren en el tamaño de los mismos.

Sería fácil contrastar esta hipótesis. Dado que en todas las especies de primates monógamos los caninos de ellas y ellos son de igual talla, bastaría con estudiar si en las especies polígamas (de colmillos desiguales entre sexos) hay más agresiones de los machos a las hembras y a las crías, mediante algún indicador de comportamiento. O incluso, dentro de los monógamos, ver si los machos que tienen colmillos más cortos son menos agresivos con las hembras y las crías.

Para ser justos, parece que las mujeres tienen cierta tendencia a elegir hombres de aspecto canalla para el sexo, pero prefieren a los pacíficos para cuidar de la progenie (véase 7 por ejemplo). Un probable atavismo de nuestro remoto pasado polígamo o promiscuo; un hecho que explicaría también que los pueblos humanos no seamos absolutamente monógamos hoy en día. Pero, al final, las mujeres terminan reproduciéndose con los machos más mansos por regla general.

A modo de broma diré que mi referencia en la lucha por la no violencia de género ha dejado de ser la gran Silvia Federici para pasar a ser Lucy, aquella famosa hembra de *Australopithecus afarensis* de hace unos 3 millones de años, de la que ahora se celebra el 41 aniversario de su descubrimiento. Todo es muy antiguo sobre la faz de la Tierra y la lucha por la no violencia de los hombres contra las mujeres podría tener ¡unas raíces tan profundas como las de un colmillo blanco!

Y aún se podría rizar más el rizo. Si tenemos en cuenta que la especie conocida más basal de nuestro linaje *Ardipithecus ramidus* no mostraba dimorfismo sexual, con machos de caninos reducidos (8), es posible que toda esta lucha por la igualdad desde *Austrolopithecus* no sea sino un regreso a una situación de partida pacífica, en la que los machos y las hembras se entendían sin violencia por medio. Los bonobos habrían mantenido esta característica de nuestro último ancestro común. Chimpances y gorilas se habrían alejado, igual que los primeros *Austrolopithecus*. Entonces, como dice Frans de Waal, la cuestión radica realmente en averiguar qué forzó a aquellos lejanos representantes de nuestro linaje y del linaje de los chimpancés y gorilas a hacerse dimórficos y dominar sobre las hembras a la fuerza. Habrá que seguir investigando.

Macho cautivo de dril (Mandrillus leucophaeus) en plena exhibición de sus poderosos caninos. Foto: BIOPARC Valencia.

El ojo ¡menudo collage!

Solemos asociar ciertas estructuras anatómicas con determinados grupos zoológicos. Por ejemplo, el pelo es cosa de los mamíferos, las plumas son típicas de las aves, la vejiga natatoria de los peces y las escamas de los reptiles. Sin embargo, la anatomía de un vertebrado es un compendio de características heredadas de sus ancestros y de innovaciones propias de su grupo. Nosotros las vemos todas juntas, las antiguas y las modernas, en el mismo plano temporal, pero sus historias tienen raíces muy distintas y pueden generar confusión.

Los ornitólogos suelen enterarse de la existencia de la membrana nictitante gracias a las rapaces nocturnas. Es una especie de telilla que, a modo de falso párpado, protege el globo ocular de las aves. Pero no sólo de las aves. También está presente en los reptiles, lo cual puede deberse a un fenómeno de convergencia al inventar este protector ocular o bien a una cuestión de parentesco. En el caso de la membrana nictitante es más probable que sea el segundo caso, ya que las aves proceden de los reptiles.

Hace unos 250 millones de años, en el Triásico inferior, toda la masa de tierra emergida se agolpaba en el supercontinente Pangea. El planeta estaba desmontando por erosión el relieve del plegamiento herciniano del Paleozoico y transportando los sedimentos resultantes a la desembocadura de los ríos, donde se formaron grandes deltas de arenas rojas y de grano fino. Esos sedimentos del denominado Bundsandstein conservan ahora, ya en forma de rocas consolidadas, las huellas de un reptil terápsido conocido como *Lystrosaurus* que tenía la talla de un cerdo actual. A juzgar por sus ignitas o huellas fósiles, se cree que el mundo de los vertebrados de gran porte estaba entonces dominado, en términos de abundancia, por esta especie (quizás sea un sesgo relacionado con su detectabilidad). Un segundo grupo de reptiles, el de los arcosaurios, se encontraba en minoría. Curiosamente, *Lystrosaurus* acabó siendo desplazado por otros reptiles terápsidos, los cinodontes, y se extinguió a finales del Triásico. Los cinodontes darían lugar a los primeros mamíferos, mientras que de los arcosaurios proceden los pterosaurios voladores, los cocodrilos primitivos y los dinosaurios; y, en definitiva, las aves, que nunca han dejado de ser dinosaurios emplumados.

La membrana nictitante también está presente en los mamíferos, así que habría que retrotraer su origen hasta los reptilianos ancestros que fueron comunes a aves y mamíferos, es decir, anteriores a la separación entre terápsidos y arcosaurios. Este curioso parpadillo viaja desde entonces a través del tiempo en los ojos de los vertebrados. Nuestra especie también lo posee, aunque en forma de un repliegue semilunar de la conjuntiva en el que pocas veces reparamos. O sea, que en esa membranilla atrofiada (innecesaria en nuestro ojo gracias a la protección que nos dispensa la conjuntiva) quedan resumidos nada menos que 250 millones de años de historia en común de reptiles, aves y mamíferos. El famoso diente de eclosión de las aves, que ayuda a romper la cáscara del huevo, no nos hace viajar tanto en el tiempo como la membrana nictitante, ya que ese dientecillo sólo es propio de aves y reptiles. Así pues, la membrana nictitante probablemente fuera una invención de los dinosaurios durante el Jurásico.

Un pecten ocular

El nombre de "pecten" solemos asociarlo a las vieiras (*Pecten maximus*), pero también define una desconocida estructura del ojo de algunos reptiles y de todas las aves que tiene forma de peine y está formada por vasos sanguíneos. No es, por lo tanto, fotosensible. Si nos remontamos al origen de los primeros ojos, nos encontramos con que las formas más sencillas consistían en una simple película fotosensible aplanada, como la de los crustáceos que viven en las chimeneas hidrotermales del fondo marino (1). Una especie de retina plana situada sobre el dorso de los camarones que percibe la radiación, en forma de calor, que emiten las chimeneas. Con el paso del tiempo, esos ojos primitivos acabaron plegándose en forma de saco y dieron lugar a los sofisticados ojos-cámara de vertebrados e invertebrados. La película original se plegó de manera que las células fotosensibles y su aparato de irrigación quedaron en el interior del ojo (como en los vertebrados, incluidos nosotros mismos) o bien dejando que todas esas estructuras quedaran por fuera del ojo (en invertebrados como el pulpo).

Tanto en aves como en mamíferos, el hecho de que el nervio óptico y los vasos sanguíneos asociados a la retina se encuentren en el interior del ojo genera múltiples problemas de visión. Las aves los resuelven gracias precisamente al pecten, que aleja los vasos sanguíneos de la retina y contribuye en gran medida a que las aves tengan esa visión tan aguda. Además, el pecten nutre a la retina, la protege con su pigmentación de los daños que pudiera causarle la radiación ultravioleta y controla el grado de acidez del humor vítreo. Finalmente, el pecten no está presente en los mamíferos, de manera que tuvo que aparecer, como el diente de eclosión, en los reptiles que dieron lugar a las aves y no más atrás, en el ancestro común reptiliano de aves y mamíferos. En fin, ¡quién tuviera un pecten!

Y volviendo a las vieiras, para cerrar el círculo, aprovecho para recordar que estos moluscos bivalvos cuentan con una batería de diminutos ojos (de color azul intenso) que son sensibles a los cambios de intensidad de la luz (cada ojo cuenta con dos retinas), lo que les permite detectar la posible llegada de depredadores.

Otras estructuras oculares

Del *tapetum lucidum* ya he hablado en otras ocasiones. Las aves no tienen esta capa de tejido reflector del fondo del ojo, a diferencia de muchos grupos de animales que en origen debieron ser nocturnos. Las aves deben provenir de reptiles arcosaurios que eran eminentemente diurnos (el grupo de los terópodos, unos dinosaurios bípedos), mientras que los cocodrilos actuales provendrían de reptiles de hábitos más nocturnos, ya que sí cuentan con *tapetum*. Como ya sugería hace unos años (2), el hecho de que los prosimios (lémures, loris y gálagos) aún conserven esta estructura sugiere que nosotros la perdimos al hacernos diurnos. Quizás en origen, cuando aquella película fotosensible se plegó dejando a conos y bastones apuntando hacia al interior del ojo (en lugar de hacia el exterior, de donde procede la luz) nuestros ancestros fuesen nocturnos y su *tapetum* funcionara como una antena parabólica que concentrara la luz en sus baterías de células sensoriales. Las aves nocturnas suplen la falta del escudo reflector gracias a una gran "abertura de diafragma" (grandes ojos de grandes pupilas) y al uso de una "película fotográfica" de muchas "asas" e "isos", es decir, a una potente inversión en bastones.

Un buen complemento para la calidad visual de las aves, además de su pecten, es la fóvea, una depresión en la retina muy rica en conos (sensores del color) donde se enfocan los rayos de luz. La fóvea está presente en peces, reptiles, aves y mamíferos, de manera que debe ser una estructura muy antigua, desarrollada hace unos 350 millones de años por el ancestro común de los actuales peces y vertebrados terrestres. Esta explicación es más simple (o parsimoniosa, como se dice en ciencia) que plantearse una invención independiente de la misma estructura repetidas veces. Un hecho que, sin embargo, a veces sucede y ahí están las alas de insectos, reptiles, aves y mamíferos voladores para demostrarlo.

En definitiva, la aparente unidad del ojo es en realidad un engaño. En realidad la aparente unidad del cuerpo es un engaño. Más bien se trata de un mosaico de piezas inventadas por la naturaleza en distintos momentos de la historia y heredadas en el tiempo (o perdidas) en función de los procesos de selección natural que han operado a lo largo de varios cientos de millones de años. Evolución en mosaico. Ser consciente de que somos una especie de *collage* temporal, concebido a tan largo plazo, muchas veces reutilizando piezas pre-existentes, creo que nos enriquece enormemente como personas y es un privilegio que no ha tenido a su alcance ninguna otra especie en toda la historia de la vida sobre la Tierra. Así que, ¡disfrutémosla!

Los hermosos y grandes ojos del búho real (Bubo bubo) son uno de sus rasgos más característicos. La aparente unidad deĺ ojo-cámara de los animales es en realidad un engaño, ya que está formado por un conjunto de piezas inventadas por la historia evolutiva a lo largo de varios cientos de millones de años. Foto: Antonio Pérez Torres.

Dientes de gallina, cola de persona

No hace falta convencer a nadie a estas alturas (al menos en la vieja Europa) de que la evolución es un hecho. Sin embargo, en este capítulo me gustaría ocuparme de los atavismos y los órganos vestigiales, porque prueban de manera especialmente clara que las formas de vida actuales han surgido por modificación de otras anteriores. Y nos hablan, además, de la importancia de los mecanismos embrionarios en la evolución.

Hace ya treinta años, el gran paleontólogo norteamericano Stephen Jay Gould (1941-2002) tituló uno de sus libros *Dientes de gallina y dedos de caballo*. Traducido al castellano, pierde la sonoridad original inglesa de *Hen's teeth and horse's toes*, pero aun así resulta sugerente y es, como el resto de su obra, una gran fuente de inspiración (1). Veamos. Las aves actuales (Neornithes) se dividen en dos grandes clados. Por un lado están las Paleognatas (que engloba a las grandes aves no voladoras como kiwis, avestruces, emús, ñandús, casuarios, tinamúes y las ya extintas moas de Nueva Zelanda y aves elefante de Madagascar) y por otro las Neognatas. Dentro de las Neognatas el clado de los Galloánsares se separó a mediados del Cretácico (2-4). El clado restante, conocido como Neoaves, se diversificó mucho y muy rápidamente poco después del límite entre el Cretácico y el Terciario. Con esto quiero decir que el grupo que engloba a gallináceas, patos y gansos no pertenece a las aves más modernas, por extraño que parezca, sino que su linaje se remonta al momento en que los dinosaurios dentados se convirtieron en terópodos emplumados. No es de extrañar, por tanto, que a veces los embriones de gallina ¡tengan dientes!

Solemos explicar la aparición de rarezas recurriendo a las "mutaciones", como en el caso de aquellos monstruos que el naturalista francés Etienne Geoffroy Saint-Hilaire buscaba entre los animales domésticos con la esperanza de aprender algo de ellos. En muchos casos la mutación genética (entendida como la aparición de una novedad o alteración en la secuencia del genoma) sí ha resultado ser la causa de monstruosidades, como el gato con dos cabezas o la vaca con patas en el lomo. Pero no siempre. La aparición de dientes en las mandíbulas de un embrión de gallina no se debe a una mutación clásica sino que se produce por la activación de un gen ancestral aún presente en su genoma, aunque regulado a la baja para que no se exprese. Así que esos dientes tendrían poco de monstruoso y mucho de información histórica valiosa. A menudo la innovación genética procede, no ya de cambiar la ordenada estructura interna de un gen, sino de alterar las regiones donde se controla la expresión de uno o varios genes. Podríamos imaginar estas regiones como una especie de interruptores generales ubicados al margen de los genes, desde los cuales se decide cuáles se expresan y cuáles permanecen en silencio durante el desarrollo embrionario, cuáles se activan y cuáles quedan inactivados. Como luces que se apagan y se encienden a placer.

La mutación clásica, al contrario de lo que habitualmente se enseña, no es la única fuente de innovación disponible para la selección natural. Como bien decía Gould, lo que sucede en el desarrollo embrionario (ontogenia) puede tener importantes consecuencias en la diversificación de los taxones (filogenia), a escala de especie o incluso superior. Activando y desactivando genes que regulan el desarrollo embrionario podemos producir innovaciones corporales (somáticas), como ya comentamos en esta misma sección hace un par de años (5). Es la llamada evo-devo (*evolutionary developmental biology* o biología evolutiva del desarrollo). A nadie debería sorprender que una especie situada en la base de la filogenia de las aves modernas, como la gallina, pueda desarrollar embriones con dientes de vez en cuando. Sus antepasados los tuvieron y esa información no se ha perdido, sino que simplemente ha permanecido oculta desde hace mucho tiempo. Los genes para fabricar dientes en las gallinas están todavía ahí, sólo que desactivados.

●●●

Dientes de gallina y dedos... ¡de avestruz!

A los lectores más exigentes que encuentren contradictorio que los dientes de gallina se parezcan a los de las aves fósiles, como *Archaeopteryx*, y éstos a su vez a los de cocodrilo, pero curiosamente no a los de los reptiles terópodos de los que proceden las aves, que son planos y aserrados, les recordaría que el mérito de la invención de los dientes hay que atribuírselo en realidad a los peces. Los dientes son una innovación derivada del ectodermo (como la piel, el pelo, las uñas, los cuernos y las pezuñas), así que tanto los cocodrilos como los dinosaurios y luego las primeras aves sólo tuvieron que reutilizar aquellas instrucciones ya escritas en los genes de los primeros peces que se aventuraron fuera del mar hace unos 350 millones de años. El hecho más importante no es por tanto si se activa o no un gen de reptil terópodo cuando aparece un embrión de gallina con dientes, sino que las instrucciones para producir una estructura propia de los peces se haya conservado en los reptiles y en las aves durante centenares de millones de años. El escaso parecido entre los dientes de las gallinas y los de los reptiles terópodos no es pues ninguna pega a la teoría evolutiva, sino una evidencia de la evolución de los tetrápodos a partir de los vertebrados marinos que abandonaron el mar.

Otro interesante atavismo es el de los embriones de aves que tienen cinco dedos en sus estadios iniciales de desarrollo, caso de los avestruces, aunque luego sólo desarrollen tres. Una prueba evidente de que las aves proceden de ancestros pentadáctilos y de que las instrucciones para fabricar aves con tres dedos fusionados se han construido sobre la información genética de sus antepasados.

Como también nos recordaba Gould, los caballos nacen a veces con varios dedos. Eso, lejos de ser una aberración o un accidente genético, es un recordatorio de la evolución de los caballos actuales, con un solo dedo cubierto por una pezuña de queratina, desde los caballos arcaicos que tenían varios dedos. Y por arcaicos sólo quiero decir antiguos, pero no primitivos, porque en evolución no tiene sentido ese concepto de progreso que tan claro vemos los humanos en nuestras creaciones de cachivaches. Por selección natural sólo surgen formas adaptadas a las necesidades ambientales del aquí y del ahora, que son cambiantes en el tiempo (sin una tendencia permanente, normalmente).

Órganos vestigiales

Todavía más cercano a nosotros sería el caso de los seres humanos que nacen con una pequeña cola o con vello abundante en lugares del cuerpo donde no solemos tenerlo los monos desnudos. La cola no es una mutación azarosa, sino un salto en el tiempo que nos lleva directamente a nuestro pasado como primates arborícolas en las selvas del África tropical. Aún siguen escritas en nuestro genoma las instrucciones para tenerla. Simplemente permanecen silenciadas.

Nuestros ancestros africanos nunca tuvieron una cola tan sofisticada como la de los primates suramericanos, de naturaleza prensil, pero seguramente les servía como apéndice de equilibrio en las alturas. Muchos la conservaron en su paso a primates terrestres cuando las selvas de África oriental se transformaron en sabanas hace unos 8 millones de años, tras la apertura del valle del Rift. Pero los homínidos probablemente la perdimos como una consecuencia derivada de la marcha bípeda. No debería sorprendernos (y mucho menos avergonzarnos) que la naturaleza nos recuerde de vez en cuando quiénes fuimos y de dónde venimos. De hecho, aunque menos aparente, el hueso sacro que todos compartimos, formado por la fusión de cinco vértebras, no deja de ser un vestigio de la cola que antaño tuvimos. Los romanos le dieron ese nombre al curioso hueso porque se entregaba a los dioses en los sacrificios. Como no deja de ser una parte enormemente interesante de nuestra anatomía, lo de considerarlo sagrado es probablemente una de las maneras que ha tenido el intelecto humano de llamar la atención sobre su singularidad y contenido histórico.

• • •

Los atavismos y el progreso en evolución

Me imagino que el fulgurante desarrollo actual de la epigenética también tendrá mucho que decir sobre los atavismos en el futuro, si hay factores ambientales implicados en el proceso. En una imaginaria población donde la frecuencia de atavismos fuese relativamente alta podría darse selección a favor de esos rasgos morfológicos, con el resultado de una "involución" o evolución hacia atrás. Esto no es norma habitual en la naturaleza, sencillamente porque es muy raro que los rasgos ancestrales se manifiesten a menudo o/y coincidan con un contexto fenotípico o ambiental adecuado para ser exitosos. Pero el hecho de que la naturaleza no de habitualmente marcha atrás tiene poco que ver con una teórica línea de progreso con la que solemos identificar a la evolución.

Las cosas del pasado no vuelven a menudo porque los avatares de la historia llevaron a dejarlas aparcadas en un cajón. Pero no porque sean peores o estén simplemente superadas. Las aves aparcaron los dientes por ser estructuras pesadas para el vuelo, pero quizá podrían regresar para quedarse en especies no voladoras, como los avestruces, o de gran talla, como los gansos (que por cierto ya tienen el pico modificado en forma de sierra). La evolución es cambio sin más, diversificación en el seno de los ecosistemas, pero no progreso. Para que hubiera progreso haría falta tener primero una idea prefijada de cuál sería la meta deseable a alcanzar. Eso nunca sucede en evolución, ya que el camino se hace al andar, en ambientes cambiantes, como bien decía Machado. Nada está escrito, decidido o predicho de antemano en evolución, al contrario de lo que sucede en las mentes de los ingenieros humanos, que sí saben hacia donde quieren dirigir sus esfuerzos desde el principio. En evolución sólo hay "caminos en la mar".

Las gallinas pertenecen a una estirpe de aves muy antigua y no es extraño que sus embriones desarrollen dientes reptilianos de vez en cuando, un rasgo ancestral. Foto del autor.

Híbridos: cuando el ruido es información

Este es un mundo de concursos caninos, felinos, ecuestres o vacunos. Es decir, un mundo en el que se valora la pureza de la raza. Pero la mayoría de los animales domésticos que tenemos a nuestro alrededor son cruzados, mil-leches, mezclas. Hay muy pocos que sean puros.

Quizá esta obsesión por la pureza de los animales domésticos sea un reflejo del mismo mecanismo cerebral que nos lleva a buscar especies silvestres bien definidas y reproductivamente aisladas. Según el concepto biológico de especie, que enunció Ernst Mayr (1904-2005), el aislamiento reproductivo es la condición indispensable para poder definir a una especie. A cualquier especie, ya sea animal, vegetal, fúngica, protista o procariota. No hace falta decir que eso es... ¡abarcar demasiado! Dejaremos a un lado los organismos microscópicos, donde la transferencia horizontal de ADN está a la orden del día, para hablar de plantas y de animales.

¿Quedan bien definidas las plantas según el criterio de Mayr? Pues, no mucho, la verdad, a tenor de lo muy extendida que está la poliploidía en el mundo vegetal. En otras palabras, los vegetales hibridan con mucha facilidad y generan especies nuevas de manera súbita cuando se produce una irregularidad en la meiosis y no se da la disyunción de los cromosomas. Por tanto, se admite y reconoce que entre las plantas la hibridación es un mecanismo no sólo habitual sino generador de riqueza biológica. De los cruces entre especies vegetales surgen novedades y nadie se extraña de un híbrido vegetal. Pongamos por caso el cruce de dos especies del género *Quercus*. En Extremadura, por ejemplo, llaman "mestos" a los híbridos de encina y alcornoque. Pero cuando esto ocurre en el reino animal se disparan todas las alarmas. Nadie espera que surja nada bueno de un cruce entre especies animales. Tan sólo se espera una pérdida de pureza en el acervo genético de cada especie.

Evolución reticulada

En el mundo de las plantas más nos valdría olvidarnos de los clásicos árboles filogenéticos, con ramas que se separan, y sustituirlos por una estructura en forma de red. Sencillamente, las ramas del árbol filogenético no sólo sufren divisiones, sino que también experimentan fusiones. Las especies se separan para volver a unirse y luego separarse de nuevo hasta formar un entramado de celdas, una red. Por eso, este tipo de evolución recibe el nombre de evolución reticulada. ¿Sería posible también la evolución reticulada entre los animales?

Me vienen a la cabeza los numerosos casos de híbridos entre aves que los ornitólogos reportan cada año en anuarios y blogs. Es el caso, por ejemplo, de los porrones, los patos buceadores del género *Aythya*. Se han descrito, por ejemplo, híbridos entre *A. ferina* y *A. fuligula*, entre *A. fuligula* y *A. marila*, entre *A. ferina* y *A. nyroca* y entre *A. collaris* y *A. fuligula*. Lo mismo pasa con diversas especies de gaviotas, como las hibridaciones entre *Larus hyperboreus* y *L. argentatus* o entre *L. hyperboreus* y *L. smithsonianus*. ¿Significa esto que las especies de las que proceden estos híbridos no eran verdaderas especies? Si adoptamos estrictamente el concepto biológico de especie habríamos de concluir que no lo eran.

Pero la definición de Mayr no es la única que se ha formulado. En concreto, el concepto biológico de especie sólo se entiende en el marco teórico de la síntesis neodarwinista. En este contexto, las especies se forman por acumulación progresiva de pequeños cambios a lo largo de un continuo. Es decir, dos especies animales que hibridan son vistas como un complejo que antaño era una misma cosa y que aún no ha llegado a separarse del todo. Van en ese camino sí, pero aún no han llegado al aislamiento reproductivo completo, reza el neodarwinismo. Las formas que quedan a mitad de camino se consideran sub-especies o también semi-especies.

• • •

Especies ecológicas

Pero, ¿y si en lugar de ese modelo lineal de aparición de especies adoptamos otro diferente, uno no-lineal en el que pequeños cambios genéticos (por ejemplo en genes reguladores) pueden marcar una diferencia fenotípica sustancial, pero no relacionada con el aislamiento reproductor? Un modelo para el que las subespecies no pasarían de ser meros accidentes no adaptativos debidos a deriva genética. Hablaríamos entonces de "especies ecológicas", como las definió el gran ecólogo evolutivo americano Van Valen, que se mantienen como tales simplemente porque son soluciones distintas al problema de la existencia. Habitan en regiones separadas, tienen distintas zonas de invernada, de muda o de forrajeo, y no interaccionan entre sí. Pero sin las fronteras geográficas que las separan podrían cruzarse sin problemas. Es decir, el aislamiento reproductor deja de ser una causa de especiación para convertirse en una consecuencia, que puede o no darse. Entonces desaparecen de golpe nuestros problemas con los híbridos. En definitiva, las especies pueden generarse de manera relativamente rápida (a escala de tiempo geológico) y esa especiación —esto es importante— puede tener como consecuencia, o no, el aislamiento reproductor. En ese momento comenzaría el nacimiento de algo nuevo a través del proceso de hibridación. Las especies ecológicas animales, como las vegetales, responderían a un modelo de evolución en forma de red.

¿No es esto hermoso? Sistemas dinámicos que se separan y se juntan para volver a separarse, siguiendo el ritmo que determine el azar y la evolución de los ecosistemas. Esto entronca, por cierto, con la famosa idea de nuestro querido Ramón Margalef de que la evolución se da en el marco de la sucesión de los ecosistemas. Pensemos, por ejemplo, en el chimpancé y el bonobo, separados desde hace un millón y medio de años por el río Congo en África central. Si ahora esa barrera biogeográfica desapareciera, ¿podrían hibridar el bonobo y el chimpancé? Yo no apostaría mi brazo derecho a que no. ¡Al menos, no antes de que se averigüe cómo demonios puede regenerarse un miembro perdido, al estilo de las estrellas de mar o del ajolote mexicano!

Pardelas en el Mediterráneo

Otro ejemplo que me resulta familiar es el de las pequeñas pardelas del género *Puffinus*. Desde que el Mediterráneo abandonara su periodo de desecación hace algo más de cinco millones de años (1), ha visto como surgían varias especies distintas de pardelas a partir de un ancestro común, de las cuales actualmente sólo sobreviven dos. Como sabéis, una vive en la parte oriental del Mediterráneo (*P. yelkouan*) y su especie hermana en la occidental (*P. mauretanicus*). Resulta que las áreas de distribución de ambas especies coinciden en la isla de Menorca y allí hibridan (2). ¿Acaso eso significa que no son especies verdaderas? Con el concepto ecológico de especie en la mano no hay ninguna duda de que lo son: crían y se alimentan en zonas distintas, y difieren morfológicamente. Simplemente, su especiación ecológica no incluyó el aislamiento reproductor y los individuos que coinciden en Menorca pueden hibridar. Si ese proceso se extendiera de manera espontánea a un porcentaje alto de la población podría suponer el final de una de esas especies, pero surgiría algo nuevo en su lugar (2b).

¿No podría ser este un mecanismo habitual de especiación en animales? Nosotros mismos, los *Homo sapiens*, somos los primeros híbridos "impuros". Además de nuestro ADN propio, llevamos a cuestas el de los neandertales, los denisovanos y los pre-denisovanos, que sepamos hasta ahora. No somos una mezcla a partes iguales, pero portamos ADN de tres especies de humanos arcaicos. Tras nuestra salida del continente africano nos fuimos mezclando con todos los humanos que encontramos en Eurasia. ¿Más ejemplos? Un 10% de los genes de los coyotes del este de Estados Unidos viene de los perros domésticos y un 25% directamente del lobo.

Cambio climático e hibridación

Me viene a la cabeza aquella campaña de erradicación de malvasía canela en los años noventa, una especie americana, porque hibridaban con la nativa malvasía cabeciblanca. Probablemente interrumpimos artificialmente un proceso de evolución que fue iniciado involuntariamente al trasladar malvasías americanas al Reino Unido y dejar que se escaparan. En tal caso la erradicación parece justificada, porque no fue un proceso espontáneo, sino mediado por nosotros, pero ¿qué hubiéramos hecho si las malvasías canales hubiesen llegado por sus propios medios? Me temo que lo mismo.

Más bien, deberíamos ir acostumbrándonos a esto de la hibridación. A medida que el planeta se calienta, las áreas de distribución de las especies terminan por entrar en contacto y son cada vez más las que hibridan entre sí. En Norteamérica, los osos pardos están hibridando con los osos polares, al igual que las ardillas voladoras del sur con las del norte, varias especies de reinitas del género *Dendroica* o las mariposas amazónicas del género *Heliconius* (3). Bien podría pasar que los híbridos, en lugar de tener problemas de adaptación, se inserten ecológicamente con mayor facilidad y rapidez en sus ecosistemas cambiantes (4). Es el mismo vigor híbrido que se busca al mezclar distintas variedades de animales domésticos para generar mestizos más resistentes. De hecho, esto es precisamente lo que parece estar pasando con los coyotes híbridos (*coywolves*) en aquellos lugares donde el lobo había sido extirpado con anterioridad. Y ese parece ser también el caso de nuestra especie, sin ir más lejos, que ha visto reforzado su sistema inmune gracias a la hibridación con *Homo neanderthalensis*.

Al menos durante los periodos de cambio climático —y los ha habido para dar y regalar en la historia del planeta— la hibridación ha debido ser el pan nuestro de cada día, un mecanismo más de diversificación de animales y vegetales. Como tal, merece nuestro respeto. También ha ocurrido en poblaciones isleñas que quedan reducidas a un tamaño muy pequeño, pero que tienen alguna especie hermana a mano con la que mezclarse como último recurso para escapar de la extición. No podemos tenerlo todo bajo control ni esperar que el mundo se mueva por los caminos que nosotros consideramos aceptables. La naturaleza se empeña una y otra vez en demostrarnos que puro no hay nada, que la diversidad de estrategias es la norma y que el mundo imaginado tiene poco que ver con el real.

Pardela balear (Puffinus mauretanicus) en la hura donde se reproduce. Esta especie hibrida con la pardela mediterránea (P. yelkouan) allí donde coinciden sus áreas de distribución, como en la isla de Menorca. Lo cual no es algo anormal ni significa que ambas pardelas pierdan su categoría de especie. Foto: Maite Louzao.

Mutatis mutandis

La expresión latina del título quiere decir: "cambiando lo que se deba cambiar". Aquí la utilizo como juego de palabras y como excusa para hablar de la "mutación", de su historia, uso y abuso. Toda persona interesada en la naturaleza debería tener claras ciertas ideas sobre las mutaciones y su papel en la evolución.

Aunque ahora asociamos la mutación con el darwinismo o, mejor dicho, con el neodarwinismo, la teoría mutacionista nació precisamente como oposición al darwinismo. Es curioso cómo los nombres cambian de bando con el tiempo. Pongamos por caso el término "popular", que en tiempos de la Segunda República fue el apellido de una coalición de izquierda (Frente Popular) que ganó las elecciones justo antes de la Guerra Civil, mientras que hoy es un apelativo acaparado por la derecha española. Algo parecido ocurre con el término "estado" al que ahora acudimos para referirnos al conjunto de las comunidades autónomas españolas, mientras que antes formaba parte de las rancias siete leyes que organizaban la dictadura franquista (Leyes Fundamentales del Estado). Hasta el propio término "darwinismo" era empleado ya antes de Darwin para referirse a los trabajos poéticos de su abuelo Erasmus. En fin, vivir para ver.

El caso es que, allá por los primeros años del siglo XX, el botánico holandés Hugo de Vries desarrolló una teoría según la cual la evolución de las especies no procedía mediante pequeños cambios acumulados, de manera lineal o progresiva, como defendía Darwin, sino más bien mediante grandes cambios puntuales o macromutaciones. Es decir, De Vries se convirtió en el adalid del saltacionismo, mientras que Darwin se aferraba al *"natura non facit saltus"*, un principio que se remonta a Aristóteles, desoyendo el consejo de sus mejores amigos (como T.H. Huxley), que lo consideraban una limitación innecesaria de la teoría. De Vries trabajaba con plantas y observó que podían surgir nuevas variantes de novo, de manera súbita. En efecto, hoy sabemos que eso puede ocurrir por poliploidía, es decir, cuando azarosamente se producen células sexuales (gametos) que en lugar del juego habitual de cromosomas llevan más juegos. De Vries tenía razón: así puede surgir súbitamente una nueva especie de planta, como se ha comprobado en el género *Limonium*.

Asimilación es el nombre del juego

Una de las razones de que el género *Limonium* cuente con unas 150 especies es el papel que juegan la poliploidía y la aneuploidía (el hecho de tener diferente número de cromosomas). Pero el neodarwinismo, síntesis del darwinismo clásico con la genética mendeliana, incorporó hábilmente esos fenómenos dentro de su amplio paraguas, al considerar mutaciones tanto la poliploidía como las duplicaciones de cromosomas. Esto tiene truco, porque para el neodarwinismo la mutación era originalmente un cambio puntual, pequeño, en alguna de las bases nitrogenadas de la cadena de ADN. Errores puntuales, como los que puede cometer cualquiera que intente copiar un libro (¡pobres monjes copistas del Medievo!). Según ellos, esos pequeños cambios se irán acumulando hasta producir un gran cambio, una nueva especie. Dicho de otra manera, los neodarwinistas se apropiaron de un nombre (mutación) para dedicarlo a un fin opuesto al original (como en el caso de "popular" y "estado"). Al ver que las evidencias del saltacionismo eran irrefutables en el mundo vegetal, lo incorporaron a su cuerpo de doctrina. Mutación pasó a ser... cualquier cambio que afectara a genes, cromosomas y genomas. Y listo. Muerto el perro, se acabó la rabia. El nombre del juego es "asimilación", como el que practican las grandes firmas de ropa con las modas que surgen espontáneamente o los propios gobiernos con los movimientos subversivos.

Lo mismo ha ocurrido tras haberse puesto de manifiesto que probablemente la evolución de las especies se da a menudo mediante mecanismos genéticos más parecidos al saltacionismo de De Vries, que al mecanismo gradual y acumulativo del neodarwinismo. Ese mecanismo consistiría en la alteración, no ya de los genes estructurales, sino de los genes que regulan la expresión de otros genes, a través de las proteínas que codifican. ¿Cómo explicar si no que humanos y chimpancés compartamos nuestros genes en un 99% y seamos tan diferentes? Digamos que en lugar de modificar trozos de la instalación eléctrica de una casa (los genes) iríamos directamente al cuadro general que controla el encendido y apagado de los electrodomésticos o, más correctamente, actuaríamos sobre el potenciómetro regulando la magnitud de la expresión génica. El neodarwinismo, que todo lo quiere englobar, considera de nuevo que estamos ante otro caso de mutación: se altera un gen regulador, pero un gen después de todo, ¿no? Sí, sí, se altera un gen, pero no es un gen cualquiera. ¡Es el interruptor general! ¿Y cuál es la diferencia? Pues enorme. En lugar de ver la macroevolución como un proceso gradual o acumulativo, propio de un modelo lineal, pasamos a verla como un modelo no-lineal. En este sentido creo que pueden darse tres tipos de modelos no-lineales. El primero sería el estándar (puntual-puntual), en el que un cambio genético puntual da lugar a un salto fenotípico sin más, esquivando de algún modo la velocidad de los diversos mecanismos intermediarios entre genotipo y fenotipo. Otro sería el gradual-puntual, del que ya escribí hace un par de años (1), según el cual pequeños cambios genéticos acumulativos generarían al final un gran cambio fenotípico, a partir de cierto umbral. El último sería un modelo puntual-gradual, cuando un cambio genético puntual acabará manifestándose sin embargo de manera gradual en el fenotipo (la apariencia externa) debido al ajuste progresivo que requieren todos los otros sistemas involucrados en trasladar la información genética (2).

Evolución humana

Ante la frecuente pregunta de si la evolución ha terminado para nuestra especie, la respuesta ha de ser necesariamente doble. Por un lado, siguen operando pequeños cambios microevolutivos que se acumulan de manera gradual y no cambian de manera relevante nuestra identidad: una persona de 100 años puede haber acumulado cientos de pequeños cambios genéticos en su organismo. Pero, por otro lado, no estamos sufriendo grandes cambios.

Tales grandes cambios, si suceden en el futuro, se darán en alguna población marginal y aislada geográficamente (3) porque, según el modelo de equilibrio puntuado, la norma es la constancia en el tiempo rota puntualmente por episodios relativamente rápidos de cambio en poblaciones pequeñas y aisladas. Y con el grado actual de interconexión entre poblaciones es difícil que esto ocurra. Es decir, la especie humana mantiene su identidad y sólo cambiará si en el futuro cambia también nuestra capacidad de desplazamiento.

El concepto de especie

Confiar en un modelo lineal o no-lineal de especiación también tiene repercusiones inesperadas sobre el concepto de especie. Si dos especies oficialmente asumidas solapan sus áreas de distribución e hibridan con éxito, la visión lineal de la evolución se queda sorprendida y descolocada. Si se reproducen y dan lugar a descendencia fértil, como ocurre en los cruces entre pardela balear (*Puffinus mauretanicus*) y pardela mediterránea (*Puffinus yelkouan*), como comentábamos en el capítulo anterior, significa que ambas especies forman parte de un continuo y todavía no se han distanciado lo suficiente. Entonces, según el concepto biológico de especie de Ernst Mayr, aún no deberíamos considerarlas especies distintas.

Sin embargo, si recurrimos al modelo no-lineal todo se ve desde un prisma nuevo y el conflicto desaparece. Las especies no surgen mediante un proceso continuo sino discontinuo. La discontinuidad se origina mediante mecanismos genéticos no-lineales que generan especies ecológicamente distintas. Una de las consecuencias de dicho cambio genético puede ser el aislamiento reproductor... Pero puede que no. El aislamiento reproductor no es una condición indispensable. Las especies pueden mantener su identidad mientras sus áreas de distribución estén separadas. ¿Eran *Homo neanderthalensis* y *Homo sapiens* la misma especie porque fueron capaces de cruzarse con éxito a pesar de que una evolucionó en Europa y la otra en África? Si a *Homo sapiens* no le hubiera dado por internarse en Eurasia nunca hubiéramos dudado de que fueran dos especies distintas. El pensamiento no-lineal lleva directamente a apoyar el concepto ecológico de especie de Van Valen, para quien las especies son, en una libre interpretación de sus palabras, soluciones ecológicas al problema de la existencia que resultan ser lo suficientemente distintas como para no entrar en conflicto por los recursos. Estar reproductivamente aisladas no es un pre-requisito. Tan sólo una posible consecuencia.

¿Aislamiento geográfico, si o no?

Habría que ver si es más fácil que surjan mecanismos genéticos no-lineales en pequeñas poblaciones marginales y aisladas para redondear el modelo del equilibrio puntuado. Desde luego, en esas condiciones es más frecuente la deriva genética y, el efecto fundacional. Quizás también sean más frecuentes los mecanismos epigenéticos debido a nuevas dietas o a situaciones de estrés en condiciones de aislamiento. ¿Lo son también los cambios en las secuencias de regulación? Probablemente sí, debido al comportamiento de los elementos móviles de nuestro genoma en situaciones de estrés. De serlo, a mi modo de ver, el modelo del equilibrio puntuado quedaría como imbatible para explicar la especiación (e incluso la microevolución). De todos modos, los casos de aparente especiación simpátrica (como el de los peces cíclidos del África oriental, con 1.500 especies aparecidas en los últimos 10.000 años) sugieren que el aislamiento geográfico no es necesario para que los mecanismos genéticos no-lineales operen o se disparen (2), a menos que se hayan dado en el pasado y ahora veamos su resultado como un todo revuelto. Una explicación poco parsimoniosa.

En definitiva, y por rematar un tema inacabable, la genética moderna ha devuelto, en cierta medida, al concepto "mutación" el sentido original de su creador, el polémico De Vries, y lo ha alejado un tanto del concepto neodarwinista reservado para el cambio gradual y acumulativo. Así están las cosas hoy en día. ¡Lo demás es jugar con las palabras!

Flores de (Limonium sinuatum) en Cabo de Gata (Almería). El género Limonium genera especies con rapidez gracias al mecanismo de la poliploidía (explicaciones en el texto). En la actualidad cuenta con unas 150 especies. Foto: Luis Iván Moya.

TERCERA PARTE: ECOLOGÍA

Naturaleza neolítica

A menudo pensamos que la agricultura y la ganadería son obras maestras de nuestra especie, un excelso logro cultural que nos distingue del resto de las formas vivas. Sin embargo, bien mirada, la naturaleza está llena de ejemplos sofisticados de agricultura y ganadería, tanto a pequeña como a gran escala.

A primera vista, podría dar la sensación de que la naturaleza es fundamentalmente paleolítica, es decir, cazadora-recolectora. Los animales sobreviven cazando y recogiendo lo que encuentran. Sin embargo, la realidad es siempre mucho más compleja: hay formas de agricultura y ganadería que no son de reciente invención ni están protagonizadas por grandes vertebrados.

Hormigas agricultoras y ganaderas

Un caso bien conocido es el de las hormigas cortadoras de hojas de los géneros *Acromyrmex* y *Atta* que habitan en las selvas tropicales americanas. Con las hojas que cortan y mastican crean en el interior de sus hormigueros un lecho donde cultivan hongos de la familia *Agaricaceae* (la familia del champiñón común, para entendernos). Más adelante, estos hongos servirán de alimento a larvas y adultos. Así pues, entre hormigas y hongos se establece una relación mutualista compleja, ya que las primeras se ocupan de mantener libres de plagas a los segundos y estos les proporcionan su sustento vital. Incluso parece que las hormigas impiden la aparición de otros hongos parásitos mediante unas sustancias antimicrobianas que generan unas bacterias simbiontes que albergan en su interior. ¡Ahí es nada!

Aparte de las hormigas, el cultivo de hongos con fines alimenticios también ha sido desarrollado por termitas y por barrenillos del género *Xyleborus*. En ambos casos, los insectos acarrean esporas del hongo sobre su propio cuerpo hasta que acaban germinando en las galerías que excavan en los árboles.

En cuanto a la ganadería, un ejemplo asimismo bien conocido es el de las hormigas que pastorean pulgones. Ni siquiera hace falta viajar a la selva tropical para presenciarlo. Basta con fijarse en cualquier planta ruderal, por humilde que sea, incluso en un escenario tan pobre como las escombreras de los pueblos. Las hormigas se encargan de mantener a los pulgones libres de depredadores y competidores. A cambio, "ordeñan" el dulce y nutritivo líquido que segregan los pulgones a partir de los jugos vegetales. Tenían que ser las hormigas, con sus complejas sociedades, las más capacitadas para desarrollar unos medios de subsistencia no anclados en el Paleolítico.

Currucas que plantan su propio alimento

Más llamativos resultan los pajarillos que dispersan frutos y semillas en el matorral mediterráneo. En apariencia, currucas, petirrojos, colirrojos y mirlos son aves cazadoras-recolectoras. Durante buena parte del año se alimentan de los insectos que cazan y sólo durante el otoño se cambian a un régimen frugívoro para aprovechar la fructificación del matorral. Sin embargo, hay mucha complejidad encubierta.

Pensemos, por ejemplo, en las currucas cabecinegras (*Sylvia melanocephala*), legítimas residentes del matorral mediterráneo dado que habitan en él a lo largo de todo el año. Muchas otras especies que comen y dispersan frutos son en realidad "turistas" que sólo visitan la región mediterránea en los meses de otoño. Pero no deja de ser curioso que la labor de dispersión que realizan las avecillas migradoras otoñales coincida con los intereses de las especies residentes. Bien es cierto que, a corto plazo, las aves en paso consumen recursos que podrían aprovechar las residentes, pero también contribuyen a sembrar unos arbustos que, a largo plazo, supondrán alimento y hábitat tanto para sedentarias como para pasajeras. En caso contrario se habría establecido un conflicto histórico entre residentes e inmigrantes.

A juzgar por los restos fósiles encontrados, las currucas pueden llevar de 2 a 3 millones de años sobre el planeta. Durante todo ese tiempo han estado comiendo y dispersando sus frutos preferidos, dando con ello, sin querer, una forma particular al paisaje. Es decir, la maquia que vemos ahí fuera en las zonas mediterráneas no es una formación vegetal que da de comer a las currucas, sino que las currucas han hecho que sus plantas favoritas abunden ahora por doquier. Se mueven entre las plantas de su "huerto" (una huerta de lentiscos, aladiernos, acebuches, mirtos, madreselvas, madroños), crían sobre ellas y quizá se coman los insectos que estas plantas atraigan. En lugar de confiar en que provea la providencia, prefieren "arrimar el ascua a su sardina".

Como recordaba en un capítulo del libro anterior *El Detective Ecológico*, las currucas fabrican su sustento a la chita callando; incrementan la capacidad de carga del medio y, en definitiva, dan forma al paisaje donde las vemos. En un plano metafórico, podríamos decir que la presencia de una curruca en un lentiscar no es muy distinta a la de un agricultor en un melonar. Al fin y al cabo, son artífices de sus respectivas obras. El azar no juega un papel tan importante como las preferencias deterministas. No sólo hay más lentiscos porque hay currucas dispersándolos, sino que hay más currucas porque ellas mismas se encargan de dispersar su fuente de alimento.

Juntos, pero no revueltos

Entramos así en un bucle que se retroalimenta de manera positiva: a más currucas más lentisco y a más lentisco más currucas. Ya tenemos el monte convertido en una fábrica de currucas y a las currucas convertidas en las ingenieras del paisaje. Como contaba Carlos M. Herrera en unos preciosos artículos publicados hace ya 25 años (1, 2), las currucas capirotadas (*Sylvia atricapilla*) pueden provocar que ciertas plantas hemiparásitas obligadas, como el bayón (*Osyris quadripartita*) desarrollen su parasitismo de manera preferente con una especie del matorral. Esto sucede porque las semillas del bayón viajan en las heces de las aves junto a las semillas de las plantas predilectas y, en consecuencia, acaban por germinar junto a éstas. Este proceso se retroalimenta positivamente en el tiempo. No hace falta pues invocar un mecanismo de coevolución para explicar la asociación entre lentiscos y bayones. Simplemente, el proceso ecológico de interacción entre plantas y dispersores de semillas acaba generando el patrón de asociación y abundancias relativas que observamos. A estos casos de íntima interacción entre especies, que no son el resultado de un proceso evolutivo, el ecólogo norteamericano Daniel Janzen los define como *"ecological fitting"* (3), algo así como un ajuste o encaje ecológico. El caso de las currucas y sus plantas nutricias, que Herrera denominó en su día *"habitat shapping"* ("dando forma al hábitat") sería un caso de libro del proceso Janziano de *"ecological fitting"*.

Pero, curiosamente, tales procesos pueden sentar las bases de futuras relaciones evolutivas. Por ejemplo, desconozco si el torvisco (*Daphnegnidium*) y los acebuches (*Olea europaea var. sylvestris*) tienen en Mallorca algún tipo de asociación simbiótica mediada por micorrizas. Pero podrían acabar teniéndola porque los dispersores de ambas plantas suelen depositar sus excrementos (con las semillas de ambas plantas juntas o no) desde las ramas de los acebuches que hacen de posaderos o dormideros, lo que fomenta el crecimiento del torvisco bajo la copa de estos olivos silvestres. El escenario está servido para que, por medios naturales de selección, pueda prosperar una simbiosis si el azar ofrece la ocasión. La contingencia desde luego juega a su favor.

Efectos sobre el paisaje

Estos ejemplos de organismos pequeños y discretos, pero capaces de llevar a cabo actividades que consideramos culturalmente sofisticadas, como la agricultura y la ganadería, deberían servirnos de doble lección. Por un lado, nos trasladan un mensaje de humildad. No somos tan importantes y tan singulares como pensamos, ni tan distintos del resto de la naturaleza. Somos más bien unos recién llegados, mientras que la naturaleza ha tenido millones de años para innovar, especialmente entre los insectos, que es el grupo zoológico más diverso.

Por otro lado, la naturaleza no es una escala de progreso que siga un curso de complicación progresiva. Entre los insectos pueden evolucionar técnicas "neolíticas" de autoabastecimiento independientes de la caza y la recolección, cuyas repercusiones en el paisaje sean enormes y diversas. La actividad agricultora del arrendajo, que siembra bellotas en el encinar, perpetúa el paisaje, le da forma y le garantiza, a la vez, una despensa a largo plazo. Pero también es cierto que las termitas siembran involuntariamente árboles en el paisaje abierto de la sabana. Una actividad que se vuelve en su contra, por cierto, al destruir los enormes edificios termiteros. De lo pequeño y lo simple emerge un patrón macroscópico complejo y mucho menos azaroso de lo que parece a primera vista. Cuando coinciden los intereses a corto plazo (como comer) y a largo plazo (como fomentar la disponibilidad del recurso comida), las especies han dado sin duda con una estrategia perdurable en el tiempo, sin necesidad de grandes cambios, hasta que las reglas del juego cambien drásticamente.

Hormigas pastoreando a un grupo de pulgones sobre (Galactites tomentosa). Las hormigas hicieron su particular tránsito a la ganadería mucho antes de que los humanos la inventaran a comienzos del Neolítico. Foto del autor.

Rumiando una respuesta

No deja de sorprenderme lo complicado que es todo. A menudo pensamos que conocemos algo bien, incluso nuestros habituales modelos de estudio, y muchas veces acaba sorprendiéndonos a la larga con nuevas dimensiones desconocidas. Por ejemplo, todo naturalista sabe que existen dos tipos de mamíferos herbívoros: los que rumian y los que no. Pero ¿qué tipo de implicaciones tiene eso para ellos y para los ecosistemas que ocupan? Y ¿por qué se ha molestado la naturaleza en fabricar dos tipos tan distintos de sistema digestivo de herbívoro? ¿No bastaba con uno?

Si viéramos un desfile de mamíferos herbívoros en una pasarela ¿seríamos capaces de decir quién es rumiante y quién no? Los elefantes, rinocerontes y cebras (valen todos los équidos) no lo son. Las jirafas y todos los antílopes sí lo son. En general casi todos los artiodáctilos (es decir los mamíferos cuyas extremidades acaban en un número par de dedos de los cuales se apoyan en el suelo por lo menos dos) lo son, incluyendo ciervos, alces, cabras, ovejas, camellos, llamas, vacas o bisontes.

La diferencia entre ambos grupos viene determinada por la localización de la "bolsa" que contiene las bacterias que digieren la comida vegetal que ingieren. Una vez más, un recordatorio de que éste es un mundo de bacterias. Ni el uro (rumiante) ni el caballo (no rumiante) serían nada sin su saco de bacterias. En el caso de los caballos y sus parientes la localización de las bacterias es al final del sistema digestivo, mientras que en el caso de los toros es al principio (en uno de los pre-estómagos). Ambos grupos sin embargo tienen el mismo tipo de bacterias para descomponer la celulosa de la pared celular de las plantas. Sólo es distinta su ubicación (1)

•••

Ventajas e inconvenientes

Los no rumiantes han de comer mucho más que un rumiante de igual talla para extraer una cantidad similar de energía de la comida. Es decir, el rumiante es mucho más eficiente, punto 1. Los rumiantes además pueden comer y salir corriendo, porque digerirán lo ingerido lentamente y en un lugar seguro, lo que les hace menos vulnerables ante los depredadores, punto 2. Los rumiantes además tienen la ventaja de ser capaces de producir el complejo de vitaminas B y todos los aminoácidos a partir de una dieta poco variada, punto 3. Los microbios que los no rumiantes tienen en el ciego y en el colon también son capaces de fabricar ambas cosas pero los no rumiantes sólo tienen acceso a ellas si se comen sus propios excrementos. Eso es exactamente lo que hacen los conejos. Ingerir sus excrementos con el fin de extraerles vitaminas y aminoácidos. Por otro lado los rumiantes reciclan el nitrógeno mejor, lo cual les confiere ventaja en ambientes pobres en nitrógeno, punto 4. En este tipo de ambientes un caballo se puede ver forzado a comer frutos tóxicos cargados de alcaloides (porque los alcaloides son ricos en nitrógeno) mientras que una vaca no padecería los efectos negativos de los alcaloides. Van más sobradas gracias a que los microbios de su estómago extraen el nitrógeno de los alcaloides. Por supuesto los microbios de un caballo podrían hacer lo mismo pero claro, ¡están al final del sistema digestivo! No tienen oportunidad de lucirse.

Sin embargo, los rumiantes tienen problemas con la acidez de los alimentos. Tienen que tener cuidado con lo que comen. Los frutos ácidos por ejemplo no les sirven porque destrozarían la flora bacteriana de sus complejos estómagos, amantes de medios alcalinos. Por eso su saliva es ligeramente básica. Incluso la hierba fresca de primavera les puede resultar dañina porque es rica en azúcares, que generan ácidos como producto de desecho de la actividad bacteriana (como ocurre en el caso de las caries humanas). Los no rumiantes sin embargo no tienen ese problema porque la comida va a parar primero al estómago lleno de ácidos antes de pasar a los intestinos llenos de bacterias. Por otro lado, los no rumiantes tienen la ventaja de poder procesar materia vegetal más basta, como la corteza de los árboles.

Cuatro puntos a favor de los rumiantes frente a 2 para los no-rumiantes. Parecería que el mundo vegetariano entre los mamíferos debería ser de los rumiantes. Sin embargo, hay motivos suficientes para que en determinadas circunstancias los no rumiantes funcionen mejor y por tanto hay razones para que ambas estrategias se hayan visto apoyadas por selección natural.

Consecuencias ecosistémicas

El tipo de estrategia digestiva no sólo trae a la biosfera una mayor diversidad de estrategias y un mejor aprovechamiento de los recursos en ambientes heterogéneos. Tiene consecuencias mucho más complejas. Pensemos por ejemplo en el universo de la dispersión de las semillas de los frutos. Un proceso ecológico clave para el mantenimiento de los ecosistemas. Desde la perspectiva de un fruto, los no rumiantes son los preferidos. Los no rumiantes es más probable que expulsen semillas sin dañar (los rumiantes le dan varias vueltas al alimento en sus estómagos y los mastican varias veces hasta que quedan hechos añicos) y además no le hacen ascos a los frutos maduros o/y ácidos.

Las extinciones de megafauna mamífera del Pleistoceno (más tempranas en Eurasia, más recientes en América) no afectaron de manera similar a rumiantes y no rumiantes. Por ejemplo, diversas especies de rumiantes sobrevivieron a las extinciones en Norte América, como el alce, el bisonte, el reno, el ciervo, el buey almizclero, la cabra y el muflón de las Rocosas, el antílope americano, entre otros. Pero por el contrario los no rumiantes desaparecieron por completo. Los mejores dispersores de frutos. Se extinguieron (por sobrecaza humana en el paleolítico o bien por la suma de la sobrecaza y los cambios climáticos, según autores) los mastodontes, los gonfoterios y los mamuts (2). También los caballos, originarios de América del Norte. No regresarían a ese continente hasta que los "conquistadores" españoles los llevaron allí en el siglo XV. Hoy en día el mayor mamífero herbívoro no rumiante (autóctono y terrestre) en Norteamérica es el castor. Y en Sudamérica sólo sobrevivieron el tapir y tres especies de talla menor.

La extinción pleistocena de la megafauna de mamíferos (descendientes de linajes que reinaron a lo largo del terciario) fue una pérdida enorme en sí misma. Pero si pensamos en ese sesgo hacia la pérdida de no-rumiantes nos lleva a pensar en lo huérfanas que muchas especies de plantas se han debido quedar al perder sus dispersores. Algunas habrán conseguido otros sustitutivos por puro encaje ecológico en las redes tróficas de nuevos dispersores (algunos de ellos especies exóticas); otras se han beneficiado de la actividad humana gracias a sus apetitosos frutos (es el caso de papallas, chirimollas, aguacates y un largo etcétera). Por lo que respecta a nuestras tierras, pensad por ejemplo en el algarrobo. ¿Quién dispersaría esta legumbre tras la extinción de los équidos en el Mediterráneo si no hubiese sido cultivada por nuestra especie? O ¿quién dispersaría las parecidas pero tóxicas vainas del algarrobo del demonio *Anagyris foetida*? En este sentido me viene a la cabeza, ya como comentario final, la enorme falta que hace tener más en cuenta el papel de la megafauna perdida (por medio de sus sustitutos domesticados como caballos y toros) para contar con unos ecosistemas que funcionen de manera más parecida a como lo hicieron durante decenas de millones de años en el pasado. No ya sólo dispersando especies sino manteniendo a raya a otras. ¿Cuántos humedales restaurados a golpe de billetera europea se cierran de vegetación ahora por carecer de ese elemento fundamental? ¿Cuántas especies de plantas esperan a esos fantasmas ecológicos perdidos como Penélope esperaba el regreso a Ítaca de su querido Ulises tras la guerra de Troya?

Vaca rubia gallega pastando. Foto del autor.

No tan obvio

A veces, la actividad científica parece ser un cúmulo de obviedades. Pero las cosas no son tan obvias y sencillas al principio. Descubrirlas resulta más complejo y trabajoso de lo que pudiera parecer. En primer lugar, hay que darse cuenta de que algo constituye un objeto de estudio, lo cual ya tiene su miga, y después hay que averiguar por qué todo sucede de esa manera.

En un reciente artículo, nuestro equipo de investigación demostró que las fuentes de alimento de origen humano, altamente predecibles, como un basurero o los descartes de la flota pesquera, aumentan la eficacia biológica de las especies oportunistas (1). Como resultado, el tamaño de sus poblaciones aumenta, lo que tiene consecuencias en el funcionamiento de las redes tróficas, la composición de las comunidades o/y la estructura de los ecosistemas. Además, se alteran procesos ecológicos como la competencia entre especies, las relaciones entre depredadores y presas o el flujo de nutrientes. En definitiva, estas fuentes de alimento reducen la diversidad de las comunidades animales, aumentan la capacidad de adaptación de las especies oportunistas ante los cambios ambientales y alteran la variabilidad temporal del tamaño de las poblaciones.

Todos estos resultados pueden parecer obvios a primera vista, pero no lo son. Recuerdo los años de mi adolescencia, cuando teníamos que hacer censos de gaviotas invernantes en las costas de la Comunidad Valenciana. Decidimos que lo mejor era ir a contarlas al atardecer, cuando los barcos de pesca regresan a puerto y vienen escoltados por bandos de gaviotas atentas a la selección del pescado por parte de los pescadores. En aquella época (hablo de mediados de los 80) a mí me parecía poco más que una anécdota el hecho de que las gaviotas siguieran a los barcos de pesca. Las gaviotas, pensaba yo, pescan en el mar y así obtienen la mayor parte de sus recursos. Lo que puedan obtener de los descartes será una especie de complemento, poco relevante para su biología. Además, seguro que se unía el rechazo psicológico a pensar que los aportes humanos podían ser de importancia para las aves. "Las gaviotas son salvajes y saben cómo sobrevivir sin nuestra ayuda", debía de meditar yo para mis inocentes adentros.

Sin embargo, el tiempo y algunas mentes lúcidas, con las que con el tiempo tuve la suerte de trabajar, han demostrado que aquello de anécdota no tenía nada. Los descartes de la pesca, por ejemplo, aportan el 40% de los requerimientos energéticos de la población total de la amenazada pardela balear (*Puffinus mauretanicus*) en la plataforma Delta-Columbretes (2). Numerosos depredadores apicales de la fauna marina, como cetáceos, tortugas y aves, mantienen hoy en día una estrecha relación con las actividades humanas en todo el mundo. Una relación que no es en absoluto anecdótica en la dinámica de sus poblaciones. En algunos casos, como en las comunidades de mamíferos carroñeros, este factor afecta incluso a procesos microevolutivos (adaptativos) que se reflejan en el tamaño corporal (1).

Vedas de pesca y capturas accidentales

Ahí va otro ejemplo de aparente obviedad. Una de las principales razones de que se produzcan capturas accidentales de aves marinas en los palangres es que esta flota faena cuando descansa la de arrastre, ya sea por fines de semana, fiestas de guardar o vedas oficiales. En esos días es más alta la probabilidad de que un ave marina, habituada a obtener alimento detrás de los arrastreros, se dirija a una embarcación artesanal de palangre y caiga accidentalmente en los anzuelos cebados con sardina. Simplemente porque a falta de un recurso predecible y abundante buscan otro que lo sustituya. Estos resultados han sido obtenidos de manera independiente y casi simultánea por dos equipos españoles de investigación para la conservación (3, 4). Claro, pensará el lector, es obvio que si estas aves están acostumbradas a ir detrás de los arrastreros, busquen otra alternativa si falta esa fuente de alimento. Pero sólo resulta obvio cuando se conocen los detalles. Es un efecto de la interacción entre dos pesquerías distintas, nada menos. De primeras, uno tiende a pensar que pardelas y gaviotas se ven atrapadas por los anzuelos del palangre debido a las características propias de este arte de pesca, por ejemplo, la hora de calado, la zona donde se faena, la carnada utilizada y el tipo de anzuelo o su número. Pero, para deducir que el problema no está sólo en la propia pesquería, sino también en otra, hay que levantar la cabeza, mirar al horizonte con perspectiva global y olvidarse de los aspectos puramente locales. Es preciso un enfoque holístico, tan necesario en ecología.

Recuerdo que la primera pista sobre este asunto me la dio Valentín Tena, uno de los guardas de las islas Columbretes. Valentín se encontraba en una buena situación para dar con la clave del asunto, ya que conocía bien a las pardelas y, además, había estado enrolado como pescador. Una fusión poco habitual. Así que, gracias Valentín, ¡tenías razón! Nosotros sólo lo demostramos con números, pero la idea crucial fue tuya. Una idea, por cierto, que puede ser clave para mitigar los efectos negativos del palangre, ya que bastaría con que el palangre no faenase los días de descanso de la flota de arrastre. Así que la cosa tiene su miga conservacionista.

Extracción selectiva de especialistas

Puede que ya lo haya contado en alguna otra ocasión, pero aquí viene muy a cuento y es bueno repetir las ideas para que calen. Cuando nos enfrentamos a situaciones en las que una especie poco abundante está siendo depredada por otra más abundante, ecléctica y oportunista (adjetivos por cierto nada peyorativos que sólo indican una gran flexibilidad ecológica) nuestra primera reacción es pensar en hacer descastes, controles de población. Sin embargo algunos trabajos han demostrado que basta con extraer de la población un número muy bajo de especialistas, como por ejemplo gaviotas patiamarillas frente a paíños, para que el efecto se reduzca drásticamente (5).

Algo parecido sucede en el caso de la mortalidad de buitres en parques eólicos. No todos los molinos de un parque eólico son iguales: hay algunos que son "depredadores" selectivos y basta con identificarlos y pararlos para que las matanzas caigan en picado. Esto también parece obvio a toro pasado, pero no lo es. Requiere estudio y observación, averiguar que los molinos no matan al azar, sino que responden a un patrón determinista.

Las regiones del cerebro

Un último ejemplo de lo poco obvias que son las cosas hasta que las descubrimos es la manera de funcionar del cerebro. Gracias a las tecnologías de vanguardia, los neurólogos han averiguado que en nuestra corteza cerebral no todas las neuronas se encargan de todo. Hay regiones que gestionan el habla, el tacto, la movilidad, la visión o la audición. Se han distinguido diversos lóbulos (parietal, frontal, occipital, temporal) y se ha cartografiado la actividad de las neuronas en esas regiones. No entendemos casi nada de por qué eso es así, pero al menos sabemos que el neocórtex está compartimentado, que hay cierta división del trabajo, aunque el cerebro trabaje siempre por medio de una red de interacción entre partes. Llegar a esto desde la concepción aristotélica del cerebro (un órgano encargado de refrigerar la sangre) requiere una considerable sofisticación de los métodos de estudio. De hecho, nos ha llevado casi 2.400 años averiguarlo.

Adquirir conocimiento es una tarea costosa. Requiere trabajo e inspiración por igual. Y la mejor indicación de que hemos dado con algo interesante quizá sea que los hallazgos, mirados a posteriori, nos parezcan hasta "obvios".

Gaviotas tras la estela de un barco de arrastre. A toro pasado, sabemos que los descartes pesqueros representan un porcentaje importante en la dieta de numerosos depredadores apicales marinos. Pero a primera vista no es tan sencillo intuir que una nube de gaviotas oportunistas detrás de un barco sea mucho más que una anécdota. Foto: Maite Louzao.

¿Causa o efecto?

A veces resulta difícil saber si lo que observamos en la naturaleza es una causa o una consecuencia. Peor aún, causa y efecto giran con frecuencia en un círculo cerrado, de manera que sería artificial establecer distinciones. Hasta puede que sea imposible desentrañar dicha relación.

Supongamos que estamos en una zona húmeda anillando pajarillos y llega a nuestras manos un carricero común en estado lamentable, muy bajo de grasa, sin brillo en la mirada y lleno de ácaros. La primera impresión podría llevarnos a pensar que el carricero se encuentra en tan penosa condición física debido a la gran carga de parásitos externos que soporta. En este caso detectivesco, los parásitos se presentan de entrada como los sospechosos más probables del mal estado del ave. Sin embargo, al meditarlo con calma, podemos reflexionar que el pajarillo podría haberse llenado de parásitos después de que una causa previa lo debilitara. Como bien reza el refrán, "a perro flaco todo son pulgas". En el caso del carricero, puede que ya estuviera muy afectado por parásitos internos, que padeciera alguna enfermedad infecciosa o que hubiera comido poco o/y mal en los últimos tiempos. Cualquiera de estas causas sería suficiente para que el ave estuviera debilitada y sin energías suficientes para limpiarse el plumaje. Así que el asunto es más difícil de lo que parece a primera vista.

Para solucionar este tipo de conflictos intelectuales, al detective de turno sólo le queda una vía: la experimentación. Hay que coger al carricero y librarlo de ácaros para comprobar si con ello recupera su condición física normal. En caso contrario, habrá que seguir probando para descartar las demás causas posibles. Experimentos de este tipo ya se han llevado a cabo con paíños y han demostrado que los parásitos externos eran, en efecto, la causa de la mala condición física de las aves afectadas (1).

Un caso equivalente en el mundo vegetal sería el de los árboles atacados por insectos capaces de constituir plagas forestales. A menudo estos insectos sólo pueden cebarse en árboles que hayan estado previamente sometidos a episodios de estrés, ya sea por sequías, inundaciones o temperaturas extremas. Es como el anciano que ingresa en el hospital por rotura de cadera: no se sabe si la fractura es consecuencia de la caída, o la caída consecuencia de la fractura. ¿Qué precedió a qué?

Un ejemplo parecido es el de los pingüinos patagónicos. En su medio natural están desprovistos de parásitos sanguíneos de malaria aviar; pero, en cuanto ingresan en un centro de recuperación, sus glóbulos rojos soportan cargas parasitarias muy elevadas. Normalmente esto se atribuye a que en el centro de recuperación se encuentran tanto los microparásitos como los vectores adecuados para que se produzca la infección, mientras que en sus colonias de cría no existen. Sin embargo, puede que haya una explicación alternativa: quizá las aves admitidas en centros de rehabilitación ya están inmunodeprimidas por otras causas y son, por tanto, más susceptibles a la malaria. Para estar seguros habría que muestrear la disponibilidad de vectores y medir el estado inmunológico de las aves en ambas zonas (2, 3).

Gaviotas, zorros y... lluvia

Pongamos otro ejemplo. Supongamos que en una colonia de gaviotas vemos que una patiamarilla se está comiendo un huevo de picofina y sacamos una foto. Al mirar la foto no cabe duda de que la causa de la depredación del huevo es una gaviota patiamarilla. Pero, si viéramos un imaginario vídeo grabado diez minutos antes de nuestra entrada, quizá nuestra apreciación inicial cambiase al observar que la entrada de un zorro en la colonia había levantado previamente a las picofinas de sus nidos y que, de forma secundaria, una oportunista patiamarilla se había hecho con un huevo descuidado. El zorro podría sustituirse por una lluvia torrencial, un intruso humano o cualquier otra fuente de perturbación. En este caso no es la experimentación la que nos da la respuesta correcta, sino el conocimiento del pasado.

Muchas veces tendremos que distinguir entre causas próximas (la gaviota) y causas últimas (el zorro, la lluvia, el paseante). A menudo, dado lo contingente de la realidad, las causas próximas no operan sin una causa última anterior. Por ejemplo, en los Alpes italianos, los nidos de halcón peregrino sólo son depredados por cuervos cuando han sido previamente perturbados por escaladores (4). De hecho, los halcones parecen buscar la proximidad de los cuervos para criar, porque el éxito reproductor de los primeros aumenta gracias a la labor de centinelas de los segundos e incluso pueden aprovechar sus nidos viejos para criar. Así pues, los cuervos pueden ser la causa próxima de depredación, pero la causa última son las perturbaciones humanas. Es cierto que podríamos seguir tirando del hilo hasta llegar al Big Bang, la causa última (o primera, según se mire) de todo. En el fondo, la causalidad es una cuestión de escala temporal.

¿Qué fue antes el huevo o la gallina?

Esto me recuerda otro importante conflicto sobre la célebre prioridad temporal de gallinas y huevos, que se resuelve acudiendo al pasado, aunque esta vez sea un pasado muy lejano. Los bioquímicos que estudian el origen de la vida se percataron hace tiempo de una paradoja: ¿si el ADN es clave para fabricar proteínas, cómo es posible que surgiera el primer ADN si éste necesita a su vez de proteínas como la ADN-polimerasa para su replicación? La respuesta parece radicar en el hecho de que el ADN procede en realidad del ARN, sintetizado de manera espontánea en las chimeneas hidrotermales alcalinas en la profundidad de los océanos hace casi 4.000 millones de años. Pasar de ARN a ADN es viable mediante la enzima transcriptasa inversa, una proteína propia de los retrovirus que habría surgido a partir de sus constituyentes básicos (aminoácidos) en estas estructuras marinas tan singulares. Así pues, los retrovirus pudieron tener un papel fundamental en el origen de la vida (5).

• • •

El vuelo y las plumas de las aves

Un último ejemplo. Según una de las hipótesis que se barajan en la actualidad las plumas pudieron aparecer en dinosaurios (o en otro grupo de reptiles mesozoicos no voladores) como aislante térmico y sólo secundariamente pasaron a ser importantes a la hora de realizar cortos vuelos al cazar a la carrera. Sin embargo una segunda hipótesis sugiere todo lo contrario, que la pluma surgió en reptiles de vida arbórea que ya planeaban de árbol en árbol (quizás gracias a un patagio parecido al de los curiosos marsupiales nocturnos de Australia conocidos como ardillas planeadoras) y por tanto que aquella ayudó a pasar del mero planeo al vuelo. La función termoreguladora de la pluma sería secundaria. Es decir, en el primer caso la aparición de las plumas no fue la causa del vuelo, mientras que en el segundo caso sí; las plumas tuvieron una función locomotora desde el principio. En este caso la respuesta también flota en el viento de la historia.

Cuando la causa y el efecto se confunden

Pero no siempre es posible identificar un principio activo y uno de sus resultados. Como nos recuerda un artículo de opinión publicado hace cuarenta años en una prestigiosa revista científica (6), los organismos son parte de su medio y a la vez que responden a sus efectos contribuyen a modificarlo. Por ejemplo ¿son los suelos la causa o el efecto de la vegetación? ¿Es la pradera la causa o el efecto de los mamíferos que pastan en ella? Difíciles preguntas. O, quizá, preguntas incorrectas.

El suelo hace a la vegetación. Pero, a la vez, la vegetación también crea suelo mediante la descomposición de las hojas o el exudado de las raíces. La hierba de las praderas hace al bisonte, pero el diente del bisonte da forma a las praderas, ya que la herbivoría estimula el crecimiento del pasto y selecciona ciertas características. Así pues, las preguntas anteriores no tienen una solución evidente. Ambos aspectos han evolucionado en paralelo. Al igual que la alargada corola de la flor ha hecho que se alargue la espiritrompa de la mariposa nocturna, la espiritrompa también ha hecho a la corola como es. Las presiones selectivas viajan en ambos sentidos. Se llama coevolución.

La naturaleza es compleja y las cosas no son ni blancas ni negras, sino que se mueven más bien en una escala de grises. Es curioso ver cómo a veces la ciencia de lo complejo converge con formas antiguas de pensamiento, como el taoísmo, germen del budismo y del pensamiento zen. Pasa con la física de partículas y también con la ecología. La intuición milenaria derivada de la atenta observación de la naturaleza en el mundo preindustrial y su estudio mediante herramientas desarrolladas en el Renacimiento europeo, como el método científico, acaban llegando a veces a puertos muy similares (7). Los papeles que desempeñan los seres vivos en la naturaleza no son fijos, sino intercambiables o cambiantes en el tiempo. El carbonero que ejerce de depredador sobre una oruga puede ser al instante víctima de un cernícalo. Así que el carbonero es depredador y presa a la vez. Depende del contexto, de la escala espacio-temporal que consideremos y también, claro está, de cómo definamos los conceptos.

A veces es también la complejidad de las interacciones, su barroquismo, lo que impide identificar una sola causa. Incluso puede darse el caso de que la intervención humana que pretende determinar la dirección de una relación altere el curso de los acontecimientos (8). En tales circunstancias la duda es irresoluble y la incertidumbre prevalece. En definitiva, encontraremos casos en los que es fácil determinar la dirección de la causalidad (la lluvia y las bajas temperaturas son la causa de las avalanchas de rocas y no al contrario), casos en los que causa y efecto se confunden y casos en los que aquella no puede determinarse porque al observar el proceso lo alteramos. En la complejidad de la naturaleza hay hueco para todas las posibilidades. Eso nos debería hacer muy precavidos a la hora de interpretar nuestras observaciones. ¡La posibilidad de equivocarnos está siempre al acecho!

Caballos semisalvajes en la Serra do Suido (Pontevedra). La pradera ¿es la causa o la consecuencia de la presencia de caballos?. Foto del autor.

¿Refugiados o adoptados?

Cuando una perturbación afecta al hábitat original de una especie, tanto si ha sido provocada por el ser humano como si no, los afectados tienen dos posibilidades. O bien se trasladan a otro hábitat diferente y tratan de encajar en él. O bien se instalan en un entorno artificial que casualmente reúna los atributos básicos de su lugar de procedencia.

Los bisontes europeos (*Bison bonasus*) son un buen ejemplo del primer caso enunciado en la entradilla. Evolucionados en los extensos pastizales que se abrieron durante los picos glaciares, una vez retirados los hielos fueron a refugiarse en el interior del bosque. Para describir el proceso algunos autores han acuñado las expresiones "especies refugiadas" y "refugios" (1). Ese sería el caso también de las focas monje (*Monachus monachus*) de la colonia de Cabo Blanco (Mauritania), de las que ya hablé en el capítulo 3 de esta saga: *El detective ecológico* (2). El ambiente original de las focas eran las playas, pero acabaron sobreviviendo en el interior de las cuevas, un hábitat menos adecuado y más peligroso que todos los años se cobra un tributo en cachorros cuando los temporales sacuden aquellas costas acantiladas.

Un tercer caso de megafauna refugiada sería el de los osos pardos (*Ursus arctos*) de la cordillera Cantábrica. Hemos crecido aprendiendo que los osos viven en las montañas abruptas del norte de España, pero en el pasado —como los lobos y los quebrantahuesos— estaban distribuidos por todo tipo de ambientes. Si pienso en la anatomía de los osos, les veo felices en ambientes con no demasiada pendiente, en montañas amables. Sin embargo, fueron eliminados de toda la Península salvo en los valles del norte, donde se libraron de la quema por cuestiones circunstanciales. En Asturias, por ejemplo, la gran pendiente del terreno debía hacer poco rentable la extracción de madera y sospecho que también pudo ser esencial la pujanza de la minería del carbón. Es cierto que los mineros mataban osos en su tiempo libre, pero disponer de carbón mineral en abundancia pudo evitar que se explotaran los bosques norteños para obtener carbón vegetal, como en el resto del territorio hispano hasta tiempos recientes. Así pues, una actividad industrial depredadora podría estar paradójicamente detrás de la persistencia del oso hasta el siglo XXI.

Finalmente, es probable que el lobo (*Canis lupus*) también sea una especie refugiada en los bosques, a juzgar por su reconocida capacidad para cubrir largas distancias con un trote económico, figura que evoca al mítico lobo estepario.

Exilios forzosos

Al margen de los grandes mamíferos, uno de los equipos de investigación con los que colaboro tardó mucho tiempo en darse cuenta de que uno de nuestros principales modelos de estudio, la gaviota de Audouin (*Larus audouinii*), también era una especie refugiada. En este caso, había sido arrinconada en los islotes mediterráneos donde empezamos a encontrarla en los años setenta del siglo pasado. El espacio al que pertenece (*where they belong*, como dicen los anglosajones) son las playas y campos dunares cambiantes, que explican bien a las claras su carácter nómada. Cuando la actividad turística usurpó esos ambientes costeros tuvieron que refugiarse en los islotes. Pueden sobrevivir allí, pero tienen menos éxito individual y colectivo, medido en supervivencia, productividad y tasa de crecimiento poblacional. Las gaviotas de Audouin crían mejor en las dunas del delta del Ebro que en las islas Columbretes. Del mismo modo que los osos obtendrán un mayor éxito reproductor cuando puedan bajarse de sus refugios de las montañas para instalarse de nuevo en relieves más suaves. Las propias focas monje sacan adelante más crías cuando pueden abandonar las cuevas y reproducirse en playas abiertas.

Buitres enriscados

A pequeña escala, el buitre negro (*Aegypius monachus*) también se comporta como un refugiado cuando elige sus lugares de cría en Mallorca. En lugar de formar colonias laxas en los extensos encinares de la sierra de Tramuntana, escoge pinos que crecen en los abruptos acantilados de este sistema montañoso. Una elección difícil de explicar, a menos que los encinares mallorquines estuvieran llenos de personas ocupadas en diversas actividades de subsistencia (carboneros, yeseros, porqueros) hasta los años sesenta, como así fue. El monte era entonces un ambiente pre-industrial, más que un lugar salvaje. De ahí se pasó, casi sin solución de continuidad, a tener las montañas llenas de ejércitos de excursionistas.

El caso es que los buitres probablemente no encuentran la tranquilidad que necesitan para criar en su hábitat predilecto. De hecho, pienso que su población no termina de despegar debido a que los jóvenes reproductores no encuentran pinos adecuados para instalar el nido en los acantilados. Es más, los buitres tienen una alta tasa de supervivencia, encuentran abundante alimento en los comederos y nunca se han regateado esfuerzos en su defensa. La predicción sería, por tanto, que cuando empiecen a criar en los encinares su población crecerá de forma exponencial hasta que otro tipo de recurso establezca un nuevo límite.

Hábitats de sustitución y especies adoptadas

En ocasiones, las especies que han visto perturbado su ambiente original no deciden trasladarse a un hábitat natural alternativo, sino a un entorno altamente modificado o incluso producto de la actividad humana. Hace poco hemos denominado "hábitats de sustitución" a estos ambientes que satisfacen, sin pretenderlo, los requerimientos esenciales de una especie. Y, del mismo modo, llamamos a sus ocupantes "especies adoptadas" (3).

Los embalses y las nutrias (*Lutra lutra*) son un buen ejemplo de ambos conceptos. En los años ochenta pensábamos que las nutrias amaban las cabeceras impolutas de los ríos interiores. Pero pasábamos por alto el hecho de que las nutrias habían tenido que refugiarse en esas cabeceras fluviales debido a que en los tramos medios y bajos la presión humana era mayor. Ahora que ya no se les persigue y los ríos cuentan con depuradoras, vemos cómo las nutrias regresan a sus ambientes originales. Pensado fríamente ¿quién querría vivir en la parte alta de un río si a medida que bajas hacia el mar aumenta el número y la densidad de especies presa? Artefactos. Lo que veíamos eran artefactos.

Ahora lo habitual es encontrar nutrias en los embalses que se han construido, por regla general, en el tramo medio de los ríos. Los pantanos reproducen bastante bien algunas de las características propias de desembocaduras y estuarios, con sus aguas calmas y profundas ricas en presas, aunque muchas de ellas sean especies exóticas e invasoras. Obviamente, las nutrias crían mejor donde abunda el alimento y pueden practicar distintas técnicas de caza. Desde el buceo en profundidad, apurando los 30 segundos de apnea, hasta la prospección detallada de las orillas, según la época del año. Una nutria de embalse se parece más a una nutria marina que a una nutria de cabecera. Es más, antaño las nutrias europeas de hábitos marinos debían de ser más abundantes de lo que nos pensamos.

De hecho, el mar es una fuente de alimento más feraz que el río. Y las nutrias son voraces. Mi amigo y colega Juan Jiménez, me explicaba hace un tiempo que el nombre de las nutrias viene de nutrirse, porque no paran de cazar. Yo mismo las he visto capturar 13 peces en 26 minutos, un lance tras otro, en un embalse gallego. Hay que tener en cuenta que el agua está fría, sobre todo en invierno, y que las nutrias, a diferencia de las focas, no cuentan con una gruesa capa de grasa subcutánea que las aísle, de modo que han de alimentarse sin parar para compensar las graves pérdidas de calor corporal. Son poco más que garduñas con un buen traje de neopreno, como vislumbraba Carlos Herrera el otro día que hablábamos de estos mustélidos.

La mejor opción

Otros ambientes sustitutivos son, por ejemplo, los medios urbanos, donde se han asentado aves y mamíferos que procedían de entornos forestales. También las especies propias de pastizales abiertos han encontrado un buen remedo de su hábitat primigenio en los campos de cereal, ya sean arrozales o trigales. Ninguno de estos medios se ha creado a propósito para favorecer a la fauna, pero resultan ser, por mera casualidad, muy adecuados para determinadas especies.

Lógicamente, un ambiente de sustitución nunca será tan bueno con el original, sobre todo porque no reproduce el mismo tipo de comunidades y, por lo tanto, pierde diversidad e información por el camino. Pero pueden llegar a ser una alternativa muy buena e incluso a proporcionar mayores tasas de éxito reproductor que los ambientes originales. Es lo que está pasando con la gaviota de Audouin, que deja las playas y dunas del delta del Ebro para trasladarse a salinas, marinas y puertos, donde sus poblaciones crecen a buen ritmo. La mayor colonia actual de esta especie se encuentra en una dársena del puerto de Castellón. ¿Por qué? Bueno, la disponibilidad de alimento sigue siendo alta gracias a los descartes de la flota pesquera y, además, la presión de los depredadores es allí menor. En el delta los depredadores habían encontrado un buen sitio para saquear los nidos de las gaviotas, pero no se acercan al puerto debido a lo que llamamos "efecto espantapájaros".

La colonia del puerto pasará a la historia antes de que muchos depredadores acaben por localizarla y la conviertan en un sitio indeseable, ya que cuando se reanuden las obras de ampliación desaparecerá el espacio ahora disponible. Quizá para entonces la presión de los depredadores haya vuelto a reducirse en las dunas y playas del delta y las gaviotas regresen a reclamar sus antiguos feudos. Hacer las maletas de tanto en tanto está en los genes de cualquier especie que nidifica directamente en el suelo. Mientras, habrán sido adoptadas por su hábitat de sustitución.

No, no es una base espacial en la luna. Es tan sólo una colonia de gaviotas de Audouin (Larus audouinii) en la dársena sur del puerto de Castellón. Un entorno completamente artificial que, sin embargo, cumple con holgura sus funciones como hábitat de sustitución del hábitat original de la especie. Foto: Pepe Greño.

No así en invierno como en verano

¿Os habéis parado a pensar en lo distintos que son algunos animales en invierno y en verano? Los mismos pajarillos que en primavera defienden sus territorios como posesos, se relajan en invierno y acaban formando bandos mixtos, como buenos amigos.

El hecho de que los pajarillos forestales de diferentes especies formen bandos invernales tiene su miga ecológica. Pero, como casi siempre que descubro un tema, acabo encontrando que Carlos M. Herrera ya lo había abordado ¡dos o tres décadas antes! Así que remitiré al lector a un espléndido trabajo suyo publicado poco después de terminar su tesis doctoral, a los 26 años (1). Creo que Carlos, que entre diciembre de 2006 y septiembre de 2011 escribió cuarenta artículos para las páginas de la revista *Quercus*, estará contento de que sus ideas salgan a relucir con bastante frecuencia en este libro. Es un poco como si siguiese escribiendo, para deleite de todos los que echamos de menos sus afiladas reflexiones.

El caso es que mitos, reyezuelos, trepadores, agateadores, herrerillos, carboneros o mosquiteros, que en época de cría llevan una vida solitaria, cuando llegan los fríos y la escasez de alimento dejan a un lado sus diferencias y se agrupan en pequeños bandos. Estos bandos parecen proporcionarles un doble beneficio: por un lado, obtienen más fácilmente alimento que si lo buscaran por separado y, por otro lado, tienen menos probabilidades de ser depredados.

Ventajas para buscar alimento

Los beneficios relacionados con la búsqueda de comida tienen la misma causa que el comportamiento colonial: es más fácil localizar fuentes de alimento impredecible cuando se actúa en grupo que en solitario. Los insectos no se distribuyen de manera regular ni entre los árboles ni dentro de cada árbol. Por esta razón, un pequeño ejército de avecillas que busca comida incrementa las oportunidades de localizar una fuente de recursos. En el caso de la comunidad estudiada por Carlos en un encinar de Huelva, los pajarillos que se alimentaban en grupo tuvieron el doble de éxito a la hora de encontrar comida que los que iban en solitario. En verano es probable que esa situación se invierta, ya que los insectos son más abundantes y, sobre todo, más ubicuos. El invierno no es tiempo de insectos, que necesitan altas temperaturas ambientales para activarse, y su presencia está asociada a plantas que les proporcionen cobijo o alimento por alguna razón extraordinaria. En el fondo, es la misma estrategia que emplean las aves marinas para localizar fuentes de alimento en el mar, donde los peces no se distribuyen de manera regular sino parcheada, aunque nuestra tendencia sea imaginar lo contrario. Al final, las preguntas ecológicas son las mismas, sea cual sea el modelo de estudio con el que trabajes. Cambias peces por invertebrados y aves marinas por aves forestales, pero en el fondo el problema es el mismo. Por esa razón los grupos de investigación no se denominan por su modelo de estudio, sino por los problemas que abordan.

Ventajas para eludir depredadores

En cuanto a la defensa contra los depredadores, las ventajas son también similares a las del comportamiento colonial: cuatro ojos ven más que dos. Por ejemplo, es más fácil advertir la presencia de un gavilán cuando las avecillas se desplazan en grupo por las ramas, aunque también es cierto que varios pajarillos son más conspicuos que un individuo aislado. Se plantea entonces un balance entre obtener más comida y ser más visible para los depredadores. Y, evidentemente, sale victoriosa la necesidad de alimentarse. A fin de cuentas, ir en grupo también tiene la ventaja del efecto dilución, es decir, la posibilidad de que el gavilán elija a otro integrante del grupo y no a ti, ya que estas agrupaciones se basan en el interés individual y no en el colectivo.

Parece que tanto la frecuencia con la que se da esta estrategia de supervivencia invernal como el tamaño de los bandos es mayor en los lugares más fríos. De manera que en la Península Ibérica sería de esperar un gradiente norte-sur, ya sea en la prevalencia de este fenómeno o en el tamaño del bando. En el caso del encinar ovetense de Herrera, el tamaño medio del bando fue de aproximadamente 5 individuos, mientras que en zonas más frías, como Inglaterra, Suecia o Estados Unidos, los registros oscilan entre 8'5 y 22'8 pajarillos por bando. Yo vengo originalmente de tierras mediterráneas y nunca me había encontrado con este llamativo comportamiento en el campo hasta que me trasladé a Galicia, donde es casi imposible que pase desapercibido ya que se da hasta en el interior de las zonas urbanas. También es cierto que nuestras comunidades de pajarillos son más pobres. En Mallorca, por ejemplo, falta el herrerillo capuchino, el trepador azul, el carbonero garrapinos y el agateador. No porque se hayan extinguido recientemente, sino porque parece que nunca llegaron a alcanzar la isla desde sus poblaciones peninsulares o continentales.

Grupos mixtos de patos y fochas en invierno

Las anátidas también forman bandos mixtos en invierno. Enormes bandos. Aunque en este caso parece que el factor que los mueve a agruparse no es tanto la localización de alimento, que es más regular y predecible, sino la facilidad para encontrar pareja. Por otra parte, los humedales son más escasos que los bosques, de manera que cuentan con menos zonas adecuadas para pasar el invierno. Ahora bien, aunque se agrupen en grandes bandos mixtos, la mezcla no es al azar. Hay un orden dentro del aparente caos. Como encontramos nosotros mismos en un ya viejo estudio (2), los patos buceadores suelen asociarse entre sí y no se mezclan con los de superficie en los dormideros diurnos invernales. A su vez, las anátidas de superficie tienden a mantener bandos monoespecíficos dentro del dormidero. Todo ello va encaminado a encontrar pareja durante el invierno en esta suerte de enormes territorios de exhibición (leks) que son los bandos invernales. Tanto es así, que los machos pasan el invierno con su librea nupcial. De hecho, no consiguen librarse del enorme coste que conlleva mantener ese plumaje hasta que terminan de criar. Por eso pasan en cuanto pueden al plumaje de eclipse y de la manera más expeditiva posible, es decir, perdiendo incluso la facultad de volar. El compromiso entre la selección sexual y la selección natural es muy evidente en este caso de los patos mancones.

Las anátidas, por cierto, son un grupo muy antiguo de aves y se han quedado un tanto atrasadas en su estrategia sexual. Por ejemplo, son de las pocas aves cuyos machos tienen pene, pues el 97% de las especies conocidas carecen de él. Queda para otro día discutir las posibles razones de por qué las aves perdieron esta vía de fecundación interna.

Las fochas comunes también forman bandos mixtos con las fochas cornudas, allí donde ambas especies coexisten, caso de España o Marruecos. La formación de esos bandos mixtos en zonas de caza, cuando ambas especies se parecen tanto y una de ellas es cinegética y la otra no, se convierte a menudo en una fuente de problemas para la especie que no puede cazarse. Es lo que también encontró en otro estudio el grupo de investigación al que pertenecía hasta hace poco (3) en el que comprobamos que las zonas de caza actúan como trampas ecológicas para las fochas al preferir estos sitios debido a la abundancia de comida artificial aportada por los cazadores, a pesar de que haya buenas zonas alternativas con abundantes plantas acuáticas sumergidas.

En fin, que la adversidad une. El caso es que el comportamiento gregario o solitario no es una característica intrínseca del individuo, sino un producto de las presiones ambientales en cada momento del año. En invierno toca sobrevivir en tiempos difíciles. En primavera, reproducirse rodeado de abundancia. Esto tiene aplicación al caso humano. La crisis económica ha despertado comportamientos colectivos y solidarios que habían caído en el olvido. Nos crecemos ante la adversidad y relajamos nuestro egoísmo y ambiciones. No es nada nuevo bajo el sol.

Bando formado por varias especies de anátidas invernantes en la Mata del Fang (Albufera de Valencia). Para los patos, la vida en sociedad es un fenómeno invernal. Estas agrupaciones les permiten encontrar alimento más fácilmente en el duro invierno y sobre todo a sus futuras parejas. Foto: Rafa Paulo y Joan M. Benavent / SDA.

Todo depende

No es posible dar respuestas absolutas, universales, en ecología aplicada. Todas deben matizarse, pues dependen de las condiciones locales, que varían de sitio en sitio y de año en año. Para desgracia de nuestro cerebro dicotómico, amante de la seguridad de poder identificar en absoluto a buenos y malos, en lugar de en relativo a mejores y peores, la realidad se mueve en una amplia escala de grises.

Tratamos con sistemas naturales complejos, en los que juegan su papel distintos fenómenos: deterministas (evolución por selección natural), contingentes (dependientes de las condiciones previas) y estocásticos (azarosos), además de los ajustes en tiempo ecológico según la plasticidad de cada especie. Tocar una pieza de estos sistemas es garantía de complicaciones. Por ejemplo, en la isla Mercury (Namibia) la deseable recolonización por parte de otáridos de la especie *Arctocephalus pusillus* tuvo como consecuencia el desplazamiento de diversas colonias de aves marinas amenazadas, como el pingüino de El Cabo (*Spheniscus demersus*) y los cormoranes de El Cabo (*Phalacrocorax capensis*) y de bajío (*P. neglectus*) (1).

Otro ejemplo de que es imposible contentar a todos sería la creciente densidad de ungulados en los encinares mediterráneos, que acaba por reducir las poblaciones de roedores, los cuales contribuyen a dispersar las bellotas de encinas y robles. Así que, a la larga, los bosques no sólo se verán afectados por el ramoneo directo de los ungulados sobre los árboles ya crecidos, sino que el reclutamiento de nuevos ejemplares se verá reducido por la escasez de dispersores de semillas (2). Es todo muy complicado. Hay casos en la literatura científica de incremento de águilas reales o imperiales que coinciden con bajones de águilas perdiceras, lo que induce a sospechar que exista una relación de causa-efecto. Así que, ¿es bueno tener altas densidades de lobos de mar, ciervos o águilas reales? Pues, depende de para qué, para quién o en qué momento.

¿Conviene sacar madera después de los incendios forestales?

¡Cómo le gustaría a un gestor ambiental tener una respuesta contundente a esta pregunta! Sin embargo, no la hay. Los incendios forestales son de muchos tipos. Por ejemplo, pueden ser grandes o pequeños y la respuesta es distinta según esta variable. También pueden afectar a muchas especies arbóreas distintas y las respuestas vuelven a ser distintas para cada una de ellas. Quizá podamos responder a la pregunta en el caso de un incendio pequeño y que afecte a una especie concreta, pero aún así dependerá de si lo analizamos desde una perspectiva ornitológica, entomológica o botánica.

En efecto, un reciente trabajo (3) concluye que la extracción de madera quemada en pequeños incendios de pino carrasco (*Pinus halepensis*) beneficia a las aves de medios abiertos, que van de capa caída desde el éxodo rural y la consiguiente recuperación del tapiz vegetal. ¡Un paisaje que no se veía desde antes de la revolución agrícola del Neolítico! Pero, sin duda, este resultado no sería compartido por muchos botánicos, para los cuales la extracción de madera quemada perjudica el reclutamiento de nuevas plantas, o simplemente por los amantes de las aves forestales. De manera que todo acaba dependiendo de lo que intentemos potenciar con nuestro manejo. Lo que está claro es que favorecer a todos a la vez es imposible.

¿Es negativo el calentamiento global para la biodiversidad?

He aquí una de esas preguntas que levantan ampollas y que parecen tener una respuesta afirmativa: "sí, el actual calentamiento de la atmósfera es negativo para la diversidad biológica". Bueno, pues incluso esto... depende. Si hacemos caso de las conclusiones de un estudio, fundamentalmente alemán, realizado en la costa noroeste de África, frente a las islas Canarias, descubriremos que en los últimos 2.500 años los periodos de calentamiento se han traducido en fases de mayor afloramiento de aguas frías del fondo marino, mientras que los periodos más fríos han traído aguas calientes (4). Lo cual significa que, a medida que se intensifique el actual periodo cálido, el afloramiento costero del cabo Ghir irá a más, lo que redundará en beneficios para numerosas especies, entre ellas los grandes depredadores y las aves marinas que anidan en las Islas Afortunadas. Esto no implica ningún juicio de valor sobre la bondad del actual cambio climático. Simplemente es un hecho que no todas las especies saldrán igualmente perjudicadas o beneficiadas. A unas les vendrá bien y a otras les vendrá mal.

Otro caso parecido es el de los albatros viajeros, cuyos largos desplazamientos se han visto favorecidos por cambios en el régimen de vientos del océano austral, ya que han aumentado de intensidad y se han acercado al polo. Debido a esta modificación, asociada al cambio climático, los albatros se alimentan ahora más cerca de sus colonias de cría, su éxito reproductor ha mejorado y han aumentado de peso por término medio (5). El último caso que me viene a la cabeza es el de los pingüinos de Adelaida que han ido aumentando sus poblaciones con el deshielo de los glaciares durante los últimos 14.000 años, debido a que cada vez tienen más espacio para la reproducción y más zonas para alimentarse, de modo que su población se ha multiplicado por 135 gracias al calentamiento del planeta. Los famosos osos polares del Ártico ya están hibridando con los osos pardos (grizzlies) de lo cual pueden surgir híbridos que sean capaces de adecuarse a las nuevas condiciones ambientales de la tundra. Afortunadamente los animales tienen plasticidad de estragegias para sobrellevar los cambios. Si no quedarían pocas sobre un planeta que se caracteriza sobre todo por su dinamismo.

¿Son negativas las especies exóticas invasoras?

Otra pregunta que todos hemos aprendido a contestar afirmativamente: sí, sin duda, "exótico" más "invasor" es igual a algo negativo. Pero, desafortunadamente, las cosas no son tan sencillas. A veces las especies foráneas acaban teniendo papeles funcionales equivalentes a los que representan las autóctonas, las cuales han podido desaparecer por otras causas. Incluso en lo relativo al mutualismo planta-animal, esas relaciones pueden reajustarse sin que hayan compartido una historia evolutiva previa (6). Este es el caso de las aves introducidas en Hawai, que dispersan semillas de las plantas del sotobosque y contribuyen con ello a la facilitación ecológica de las especies arbóreas autóctonas. O, sin ir tan lejos, el de las martas (*Martes martes*) introducidas en Mallorca, que dispersan eficazmente las semillas de la olivilla (*Cneorum tricoccon*) en ausencia de las lagartijas, sus originarios agentes dispersores. De hecho, la lista de ejemplos sería muy extensa (7).

¿Afecta a la fauna la presencia de investigadores?

Es innegable que a veces los investigadores suponen un elemento perturbador para las especies que estudian (8). Pero con frecuencia no es así o influyen en muy pequeña magnitud. Más bien al contrario, en ocasiones su presencia puede tener un efecto positivo sobre los sistemas estudiados. Los humanos podemos tener un efecto disuasorio para según qué depredadores —el llamado "efecto espantapájaros"— y beneficiar sin pretenderlo a la especie que nos ocupa. Hace poco este efecto ha podido llevarse aún más allá al descubrir que la presencia de investigadores puede mantener alejados incluso a los cazadores furtivos (9). En numerosos parques africanos, donde la persecución de la gran fauna se ha convertido en una triste realidad debido al auge del capitalismo en Asia (10), las estaciones de investigación han resultado ser beneficiosas. Así que, una vez más, depende.

¿Son perjudiciales los ungulados para la flora?

Otra pregunta cuya respuesta también tiene sus matices. En aquellos lugares donde los grandes ungulados ejercen ahora presiones muy elevadas, debido a la eliminación de sus depredadores, y donde se han visto reforzados además por especies foráneas (gamos, muflones o arruís), pues lo más probable es que sí. Pero, aún en este caso, no todas las plantas saldrían perjudicadas por igual. Seguramente las que cuenten con potentes defensas químicas o físicas contra los herbívoros, sean muy amantes del sol o tengan facilidad para pasarse a la vida rupícola, no padecerán efectos negativos e incluso puede que se beneficien del abonado que dispensan los herbívoros. Sin embargo, esta conclusión requiere un análisis personalizado. Hay casos, como la isla de Mallorca, donde abundaba un pequeño ungulado (*Myotragus balearicus*) que no contaba con apenas depredadores hasta la llegada de los primeros humanos, a excepción del águila real. La vegetación mallorquina de los últimos 4.000 años ha tomado forma en ausencia de este gran factor de regulación y quién sabe si las cabras asilvestradas desde hace unas décadas no actuarán en cierta medida como sustitutos funcionales de un artiodáctilo que estuvo presente en las islas durante nada menos que cinco millones de años. Un hecho que, desde luego, requiere un estudio pormenorizado para poder ser respondido con fundamento (11). De hecho, en Creta —y otros lugares— se ha encontrado que los islotes con cargas intermedias de cabras domésticas tienen una mayor producción y diversidad vegetal, lo que da mucho que pensar (12). Aunque esto sólo significa eso, que en Creta se han encontrado esos resultados y no sabemos lo exportables que son.

Resultados provincianos

Exportar soluciones de unos sitios a otros, como si las conclusiones locales fuesen necesariamente universales, es una actitud peligrosa en un planeta tan diverso y cambiante. No podemos generalizar, aunque eso signifique más trabajo y más estudio. Quizá por eso se valoren las investigaciones que no tratan de una especie en concreto, en un sitio particular y durante un año cualquiera, sino aquellas que tratan de incorporar incertidumbre repitiéndose en el tiempo y en el espacio o abordando diferentes especies. Trabajos que intentan explorar los límites de la varianza en la respuesta de las especies a los impactos y con ello generar cuerpo teórico. Conviene recordar que nuestros resultados suelen ser casi siempre provincianos y que en ecología aplicada no hay regla sin excepción. Puede que los trabajos de revisión y síntesis sean los más aconsejables para orientar la toma de decisiones en materia de conservación, para lo cual es imprescindible que se publiquen no sólo las investigaciones con resultados positivos, sino también las que arrojan resultados estadísticamente negativos (13).

Sacas de madera quemada tras el incendio de Andratx (Mallorca) en noviembre de 2013. ¿Debe sacarse la madera quemada? Pues, desafortunadamente, la respuesta depende del especialista al que consultes. Los resultados serán distintos según centremos nuestra atención en el suelo, la vegetación, los insectos o las aves. Foto del autor.

Naturaleza humanizada

Evitamos establecer comparaciones entre los humanos y el resto de los seres vivos para no incurrir en antropocentrismo, un sesgo que nos hace interpretar la naturaleza desde nuestro exclusivo punto de vista. Pero eso no anula los paralelismos entre nuestra conducta y las estrategias vitales de animales y plantas. A fin de cuentas, sólo somos la versión doméstica de un animal humano sometido a evolución durante centenares de miles de años.

Si pudiéramos plasmar en un sistema de información geográfica (SIG) la distribución espacial de los vertebrados silvestres de la fauna ibérica, creo que nos llevaríamos una buena sorpresa. Encontraríamos a buena parte de ellos en torno a los núcleos de población humana. No son "tontos" y, como nosotros, eluden las temperaturas extremas y prefieren estar lo más cerca posible de las fuentes de agua y alimento. Buscan además lugares donde la densidad de enemigos sea baja y en ese terreno nuestras concentraciones urbanas ejercen un cierto efecto "espantapájaros" (1), al menos frente a ciertos grupos de depredadores. Estas son las razones por las cuales, pudiendo escoger un hábitat natural alternativo, las lavanderas blancas instalan sus dormideros invernales en las palmeras de un aeropuerto o en las rotondas de una gran ciudad.

Hasta hace pocas décadas no veíamos tales comportamientos con tanta frecuencia, sencillamente porque vivíamos en economías rurales donde todo lo que volaba terminaba en la cazuela. Nosotros mismos éramos parte de los depredadores. Pero, desde que nos hemos convertido en urbanitas y hemos relajado nuestra presión sobre los animales del campo, son cada vez más frecuentes esos comportamientos de habituación al entorno humano y lo serán aún más en el futuro.

• • •

Aburguesados por vocación

En Mallorca, sobre todo en invierno, a menudo me invade la sensación de que el monte está vacío, hasta que llego a las proximidades de una población y el canto de los pájaros reaparece con las huertas, las rapaces prospectan la zona en busca de presas y las martas se cruzan en el camino. Los milanos reales, que se alimentaban en el gran vertedero de residuos urbanos a cielo abierto de Son Reus, hasta su reciente clausura, nidificaban también en torno a dicho basurero. Algo parecido hacen las gaviotas patiamarillas cuando escogen los grandes techos de la cárcel de Palma para dormir, simplemente porque en los aledaños quedan los centros comerciales donde acuden multitud de personas los fines de semana a comer hamburguesas con patatas fritas, que luego acaban por el suelo o abarrotando papeleras, un recurso como otro cualquiera. Esta búsqueda de alimentos alternativos es cada vez más frecuente desde que se clausuró el vertedero. De hecho, en las colonias de cría de las gaviotas cada vez se ven más huesos de oliva regurgitados. Proceden del fruto caído en los olivares abandonados, que también han sabido aprovechar las gaviotas, con decisivas consecuencias para la dispersión de los acebuches.

Los jabalíes, que por ejemplo llegaron a extinguirse en la Comunidad Valenciana por persecución directa, llegan ahora hasta el parque periurbano de Collserola (Barcelona) para buscar comida en los contenedores de basura y, si les dejáramos, se meterían hasta el centro de la ciudad. La lista de ejemplos es interminable: águilas perdiceras que crían cerca de los pueblos para aprovecharse de las palomas domésticas, nutrias que visitan las lagunas artificiales de los campos de golf malagueños (2), urogallos favorecidos por la actividades tradicionales en el Pirineo, ballenas atraídas por los desperdicios de las fábricas conserveras gallegas, focas habituadas a que las alimenten en los puertos pesqueros escoceses, linces que se sientan en las cunetas de las carreteras de Sierra Morena, halcones peregrinos que cazan en el centro urbano de grandes ciudades, águilas calvas americanas que acuden a las salidas de agua caliente de las plantas de generación de energía a pescar en invierno, porque allí el río no se congela... El fenómeno es ubicuo. Seguro que el lector puede añadir numerosos ejemplos de su cosecha a esta lista.

Rupícolas por necesidad

Por este mismo motivo, pero en sentido contrario, la flora es más salvaje de lo que podría serlo en ausencia de factores de presión. Por ejemplo, gran parte de las plantas que vive en acantilados no están allí por gusto, sino por obligación. Son así de agrestes porque no tienen más remedio. En las islas Baleares, una misma planta endémica crece en los cortados rocosos de Mallorca pero también en los suelos de Ibiza. El resultado de este experimento natural desvela la influencia de un herbívoro ya extinto, el bóvido *Myotragus balearicus*, que estaba presente en Mallorca pero nunca alcanzó las islas Pitiusas.

Algo parecido comenté hace tiempo respecto de los buitres leonados, que en Europa crían en remotos acantilados de las montañas, mientras que en la India, donde se consideran sagrados, anidan en medio de las ciudades (3). Casos equivalentes son el de las águilas calzadas de Mallorca, que no crían en árboles sino en paredes rocosas, donde quizá soporten un menor grado de molestias humanas, o el de los halcones de Eleonor de las islas Columbretes (Castellón), que crían en el suelo en los islotes deshabitados, pero se refugian en los acantilados marinos de la isla principal para eludir antaño a los fareros y ahora a los guardas, a pesar de que tienen a su disposición buenos acantilados donde anidar en los islotes sin presencia humana.

La fauna del futuro

Como comentaba en el cuaderno 278 de *Quercus* (4), la fauna del futuro será una fauna sin miedo. El paisaje que imagina Rosenzweig en su *Reconciliation ecology* (5) es cada vez más real. Preocupa pensar que podamos estar favoreciendo los genotipos menos asustadizos, como eso urogallos confiados que aparecen por ahí de vez en cuando, porque si las condiciones económicas cambiaran y volviéramos a una economía más rural muchas especies podrían pasarlo mal. De todos modos, cuesta pensar que la tendencia mundial sea un regreso masivo al campo y las especies, por su parte, probablemente sigan conservando la suficiente flexibilidad genética (variabilidad) para reaccionar de manera rápida igual que lo están haciendo ahora, tras cientos de generaciones humanas dedicadas a la persecución de cualquier ser vivo. Más bien somos nosotros los que tendremos que adoptar nuevas reglas de comportamiento para adaptarnos a la nueva situación. Las martas, por muy dóciles que se vuelvan, seguirán teniendo unos dientes muy afilados y una velocidad de reacción mucho más rápida que la nuestra.

En otro artículo, pero más reciente (6), ya comentaba que la fauna silvestre no es tan todoterreno como parece. Cometen numerosas torpezas y emplean diversos trucos para sobrevivir en su día a día. Por ejemplo, emplean vías de desplazamiento rutinarias, algo que ya descubrieron en su día los tramperos y hace mucho más tiempo las rapaces nocturnas. En definitiva, que la fauna silvestre sea tan agreste, que nos tema, que viva alejada de nosotros, se debe más a nuestro comportamiento como cilicio de la naturaleza que a su verdadera vocación de vivir de esa manera. Está en nuestras manos pasar de ser un azote a ser pastores de la biodiversidad, como nos recuerda Jesús Mosterín (7), cuidando muy de cerca una fauna no tan salvaje y sintiéndonos de nuevo parte de la naturaleza. Aunque sea desde una óptica completamente novedosa dentro de nuestra historia evolutiva como especie. Es difícil librarse de los prejuicios que acarreamos, sobre todo cuando exploramos caminos nuevos como éste de los nuevos hábitos de la fauna silvestre ante nuestro superpoblado y modificado mundo. Pero debemos tratar de mantener la mente abierta, dispuesta a procesar toda nueva información que nos llegue. Aprovechando la experiencia previa, sí, pero dejándonos impregnar por el mensaje oculto de lo novedoso. Podemos encontrarnos con la agradable sorpresa de que sea posible un futuro más optimista del que ahora nos imaginamos.

La gaviota de Audouin (Larus audouinii) ha establecido recientemente una colonia de cría en pleno puerto de Sant Carles de la Ràpita (Tarragona), una zona muy humanizada. Pero es precisamente nuestra presencia allí la que mantiene alejados a sus posibles depredadores. Foto: Daniel Oro.

El ecólogo en la tienda de comestibles

Lo mejor de la ecología es que se puede practicar en cualquier parte. En realidad, todo es un continuo y hasta en los ambientes más urbanos y humanizados podemos encontrar inspiración ecológica.

Aún recuerdo con cariño el día que aprendí del maestro Margalef que sus paseos por Barcelona le habían llevado a pensar que la coloración amarilla y negra de los taxis era similar a la de las avispas; y que ambos, insectos y taxistas, conseguían llamar así la atención de alguien. Margalef veía las ciudades como ecosistemas de alta productividad que explotaban los medios vecinos, como hace un humedal con los sistemas naturales de su cuenca hidrográfica. En el fondo, la ciudad no inventa nada nuevo, sino que reproduce estructuras que ya existían en la naturaleza. Desde esa perspectiva la persona sensible encuentra cierto alivio. Los animales no funcionan como máquinas; las máquinas son, más bien, intentos muy simplificados de un ser animal. El cerebro no es un ordenador, sino que los ordenadores son amagos groseros del cerebro. La natura siempre se nos adelanta, como no podía ser de otra manera.

Me viene también a la cabeza un trabajo de Carlos Herrera publicado en esta misma revista en el que se preguntaba de dónde habían salido las plantitas que crecen en los alcorques de una gran avenida de Sevilla, dominada por el asfalto y los coches (1).En mi caso, el contacto urbano con la ecología es más fácil porque vivo en un pueblo y allí lo urbano y lo rural se dan la mano. De regreso a casa puedo reflexionar sobre los falsos pétalos de la buganvilla que sobresale de un patio privado y recuerdan a la cola del pavo real ya que ambas aparentan ser lo que no son. Puedo recrearme observando higueras y zarzamoras que, a modo de epífitas tropicales, crecen sobre los cinamomos asiáticos plantados en las calles para dar sombra. Puedo viajar al mundo de los enormes mamíferos herbívoros extinguidos por el hombre en la América de hace 13.000 años cuando reparo en los gigantescos ejemplares de agaves y chumberas del jardín de flora semidesértica, erizada de defensas. O me distraigo pensando en las convergencias adaptativas de aviones y vencejos, que se afanan por criar en las cornisas de las viejas casas, sustitutos de los acantilados naturales. Pero donde más posibilidades encuentro de hacer ecología doméstica es en la tienda de comestibles, en el colmado de la esquina. Las esperas para ser atendido se convierten así en un momento de disfrute.

Higos, higueras y avispas

Uno de esos momentos gozosos me lo proporcionó una caja de brevas, que me llevaron a pensar por qué diantres las higueras tienen varias cosechas al año. ¿A qué se debe ese extraño comportamiento? Al principio pensé que podía deberse a la carga evolutiva del pasado tropical del género Ficus, al que pertenece la higuera (F. carica). Pero la realidad resultó ser mucho más sorprendente. Las higueras tienen dos tipos de pies, es decir, un sistema reproductor dioico o más bien dimorfo, con árboles cuyas flores femeninas sólo pueden tener el estilo largo o el estilo corto, una estrategia evolucionada a partir de ancestros monoicos (con los dos sexos sobre la misma planta).

El caso es que las higueras son polinizadas, en exclusiva, por unas avispillas de la familia Agaonidae. Estas avispas transportan polen desde los pies masculinos a los femeninos y penetran en el interior de los higos, que técnicamente son siconos o frutos compuestos por multitud de diminutos frutillos y, por lo tanto, de diminutas florecillas. Las avispas pueden tener ciclos vitales de dos o tres generaciones. Por ello las higueras producen siconos de manera continua a lo largo del año. Según los casos, proporcionan dos o tres cosechas en mayo, julio y septiembre, o bien en mayo y agosto (primero las brevas y luego los higos). Es decir, ¡proporcionan tantas cosechas como sea necesario para mantener con vida a sus imprescindibles polinizadores! Esta es la clave.

Desde esta perspectiva, las varias cosechas anuales de las higueras serían la consecuencia —y no la causa— de esas dos o tres generaciones que permite el ciclo reproductor de las avispillas. Un complejo mutualismo que nosotros aprovechamos en beneficio propio, olvidando de donde procede la aparente generosidad de las higueras. La compleja fructificación de la higuera recuerda un poco a esos árboles que, como los robles, producen agallas como medio de defensa ante el ataque de los insectos. Unas agallas, que son aprovechadas por los insectos como lugar seguro para sus larvas. Lo de las higueras y las avispas va un paso más allá y se convierte en un mutualismo o en una simbiosis compleja que ha atraído a la mente humana desde los tiempos de Aristóteles y Teofrasto (2).

Mangos, aguacates y megaterios

Pero a la tienda de comestibles no sólo llegan productos locales. El mundo se nos ha quedado pequeño y también son habituales los grandes frutos tropicales. Cuando uno intenta comerse un mango, por ejemplo, se percata de lo particular de su semilla: es enorme, plana y está muy bien protegida. Aparte de requerir una técnica especial de pelado para acceder cómodamente a su pulpa (mesocarpio), el endocarpio o hueso del mango nos puede llevar a pensar para qué demonios fabrica una semilla con semejantes características. La razón se halla de nuevo en una coevolución, esta vez entre animales que dispersan frutos y las plantas que los producen. Los mangos son árboles relictos de un largo periodo de interacción con la megafauna de mamíferos herbívoros del Pleistoceno asiático. Pensemos asimismo en el caso del durián asiático (Durio zibethinus), una fruta tropical gigante protegida por espinas y de agradable sabor, pero pestilente para nuestro olfato (seguramente todo lo contrario para el olfato de sus antiguos dispersores). También antes de la llegada de nuestra especie a América, inmensas manadas de mamuts y mastodontes dejaban sus huellas en el sedimento de los ríos. Gigantescos perezosos terrestres llamados megaterios se alimentaban a dos patas de frutos igualmente agigantados y destinados a ser engullidos de un bocado por animales de gran talla que no fracturasen ni dañasen la semilla.

Lo mismo hacían los extintos gliptodontes, enormes parientes de los actuales armadillos, o los toxodontes.

Al desaparecer toda aquella fauna, los árboles productores de frutos gigantes se habrían encaminado progresivamente hacia su extinción de no ser por la actividad agrícola humana, que no sólo los ha salvado sino que los ha expandido enormemente. Los descendientes de aquellos humanos que terminaron de extinguir la megafauna de mamíferos fueron, en cierta medida, su sustituto funcional. Curiosidades de la vida. Se pierde en diversidad, pero se conserva al menos la funcionalidad de los ecosistemas afectados, es decir, continúa activo el proceso de dispersión. No sólo continúa sino que probablemente se ha visto aumentado. Desde el punto de vista de su eficacia biológica los mangos (y demás árboles frutales) son unos vencedores que están muy alejados de la extinción al haber sido dispersado por los trópicos de todo el Planeta. A los frutos gigantes, inaccesibles para la fauna salvaje actual, se les denomina anacronismos evolutivos, fantasmas fuera de su tiempo. Sólo algunos homólogos domésticos de la antigua fauna salvaje, como vacas y caballos, pueden consumirlos sin dañar las semillas (3), especialmente si no son rumiantes (4). Podríamos seguir con más reflexiones sobre el pan, el yogur, las almendras, el aceite, el vino, las patatas, el maíz, las granadas o las sandías. Pero aquí es donde debe entrar en juego la curiosidad y la imaginación del lector. ¡Feliz paseo por el supermercado o, mejor aún, por la frutería local! Espero que seáis más peligrosos que el célebre elefante soltado en una cacharrería.

Las cajas de fruta que encontramos en cualquier tienda de comestibles pueden ser una fecunda fuente de inspiración para el pensamiento ecológico, si se miran como algo más que un bien de consumo. Foto del autor.

CUARTA PARTE: CONSERVACIÓN

Subjetividad y conservación de la naturaleza

Los naturalistas tendemos a pensar que, en materia de conservación de la diversidad biológica, lo mejor es tomar decisiones siguiendo sólo criterios objetivos. Sin embargo, parece que la mayoría de las personas prefiere guiarse por criterios subjetivos, basados en su propia relación personal con la biosfera. Quizá deberíamos buscar un equilibrio entre ambas visiones del mundo.

Nuestra especie ha seguido una evolución muy particular. Aunque nuestro desarrollo como personas a lo largo de la vida (ontogenia) se caracteriza por ser lento, nuestra historia evolutiva (filogenia) ha sido tremendamente veloz. Pensad, por ejemplo, que hace apenas 5-6 millones de años compartimos un ancestro común con los actuales chimpancés y bonobos. Y hay pruebas de que, en tiempos del *Homo ergaster,* hace casi dos millones de años, nuestros ancestros africanos ya eran capaces de gestionar el fuego con fines cinegéticos. Antes pensábamos que el dominio del fuego era cosa de neandertales arcaicos europeos, de hace medio millón de años, pero ahora sabemos que el uso del fuego se remonta mucho más atrás en el tiempo.

El origen del *Homo sapiens* arcaico, no tiene más de 200.00 años. El primer intento de nuestra especie de salir de África se produjo hace unos 100.000 años y unas decenas de miles de años después, hace entre 70 y 75.000 años, sufrimos un declive numérico catastrófico, con su correspondiente cuello de botella genético, que nos redujo a unos pocos miles de mujeres fértiles (la Eva mitocondrial de los genéticos). Pero, sorprendentemente, conseguimos resurgir de nuestras cenizas y hace unos 40.000 años invadimos Eurasia y Oceanía. En este proceso fue donde se gestó el ser humano moderno, donde nacimos realmente "nosotros". Fue poco después cuando apareció el arte parietal en las cuevas del sur de Europa. Surgen por primera vez actividades no prácticas, no dirigidas directamente a nuestra supervivencia. Nosotros somos descendientes directos de aquellos primeros humanos modernos que entraron en Iberia hace 40.000 años y que fueron adquiriendo posteriormente las modas y costumbres neolíticas transmitidas desde el oriente europeo y también sus genes.

Aquellos supervivientes africanos del invierno nuclear causado probablemente por la explosión del supervolcán Toba, en la actual Sumatra, no fueron unos individuos cualesquiera. Tampoco fueron los más fuertes ni los más inteligentes. Los seleccionados fueron personas con una mente especialmente "alucinada", como le gusta recordarnos a Juan Luis Arsuaga, co-director de las excavaciones de Atapuerca.

Raciocinio objetivo y subjetivo

Nuestros antepasados más directos eran seres dotados de una imaginación inusitada, capaces de reinventar el mundo a su antojo, lo que les dio esperanzas para sobrevivir tras aquella enorme catástrofe natural. Crearon mitos, símbolos y seres mágicos, que les llevaron a imaginar que somos dioses o hijos de dioses, creados a imagen y semejanza de seres todopoderosos (pensad en la gran afición de los niños ante los objetos humanos poderosos como grúas y camiones y su admiración por los superhéroes). También esa extraña característica humana que llamamos arte (en todas sus manifestaciones) es hija y consecuencia de todo ello (de la selección de la mente simbólica) y nació estrechamente ligada a los primeros ritos mágicos, a los primeros chamanes o chamanas. Es posible que, a partir de ese momento, que podemos situar en torno a las pinturas de Altamira, Lascaux y Chaveut, el pensamiento mágico pasara de ser un mero subproducto de nuestra encefalización a convertirse (por co-opción o reutilización) en un producto netamente adaptativo. Así, la trascendencia, el símbolo y la magia se convirtieron en un factor capaz de incrementar nuestra eficacia biológica (son una exaptación en definitiva).

Un guerrero paleolítico dotado de esas herramientas psicológicas no era invencible, pero sí al menos difícil de batir (tenía esperanza, fe en el futuro, capacidad de autosuperación, como un ciclista cuando trepa a dos ruedas una montaña bien empinada). Estaba guiado y fortalecido por un impulso fuera de lo puramente objetivo. Un impulso racional, pero subjetivo, distinto a las emociones que heredamos de los primates, que incorporó a su percepción de la realidad. De alguna manera, ese impulso era tan real como el hacha y la flecha. Cuando el ser humano desde entonces imagina ángeles, en cierto modo estos se convierten en realidad (1). Así somos y hemos sido, desde la invención de la rueda hasta la teoría de la relatividad. Conviene no olvidarlo.

Para bien o para mal, estamos lejos de ser esos seres capaces de total objetividad que creemos o nos gustaría ser. Esos que toman decisiones basadas únicamente en la evidencia. Ese sería un ser humano imaginario, casi tan inventado como los ángeles. Es cierto que cada día adoptamos decisiones con nuestro cerebro pensante, aunque imbuido de emociones. Pero además de las ecuaciones de Einstein, ese cerebro pensante nuestro puede generar monstruos a partir de los goyescos sueños de la razón o relojes fundentes en los cuadros de Dalí. Ambas vías racionales, la objetiva y la subjetiva, son intentos de explicar la realidad. Ambas rayan a igual altura y son dignas de respeto, como propiedades que nos definen como seres humanos, con nuestras glorias y nuestras contradicciones, ya digo para bien o para mal, nos guste o no nos guste.

Ballenas atrapadas por el hielo

El 27 de octubre de 1988 el diario *El País* se hizo eco de la liberación de un par de ballenas grises en Alaska gracias a la colaboración de dos rompehielos soviéticos, un equipo norteamericano y varios grupos de esquimales. En la operación de rescate se invirtió aproximadamente un millón de dólares, mucho dinero para lo que suele dedicarse a la conservación efectiva de cetáceos o de cualquier otra cosa. No obstante, el bloqueo accidental de ballenas debe ser habitual en el Ártico y no tiene mayor consecuencia objetiva para el destino de las especies afectadas. Son, por así decirlo, anécdotas desafortunadas. Gastar tanto dinero en liberar a dos ballenas, atrapadas por causas naturales, puede calificarse de insensatez. Sin embargo, desde el momento en que la escena sucede ante los ojos de un ser humano, cobra una nueva dimensión. Sobre todo si luego se difunde a todo el mundo a través de la televisión.

Es entonces cuando se despiertan profundas emociones relacionadas con la ayuda ante las adversidades y pensamientos subjetivos como el apoyo, la solidaridad y la empatía. Lo que no es estrictamente un problema de conservación de la biosfera acaba por convertirse en un asunto importante. Las dimensiones emotiva y racional-subjetiva del ser humano lo acaparan y lo acrecientan. Además el asunto de las ballenas tuvo lugar en plena Guerra Fría, antes de la caída del muro de Berlín en noviembre de 1989. En semejante tesitura, las ballenas pudieron servir de excusa, conscientemente o no, para demostrar buenas intenciones entre Oriente y Occidente.

Descastes de gaviotas

Veamos otro ejemplo, aunque en sentido contrario: los descastes de gaviotas patiamarillas también se explican desde esta perspectiva dual. No hay en realidad razones biológicas que los justifiquen, por mucho que se empeñen sus promotores en darles un tinte científico. En realidad, las gaviotas se matan porque las personas las perciben como un problema. Las razones son varias pues, aparte de ser abundantes y depredadoras, resultan molestas, ensucian los yates de los ricos y pueden comerse el bocadillo de los niños en el recreo. Incluso, en determinadas circunstancias, llegan a ser agresivas. Ninguno de estos inconvenientes genera graves impactos, sino más bien algunas protestas y cierta alarma social. Poco o nada tienen que ver aquí la biología o la ecología.

En situaciones como ésta suelen haber una disparidad de criterio entre los biólogos teóricos y los que se encargan de gestionar las especies sobre el terreno. Los primeros hacen bien su trabajo y están en lo correcto cuando recomiendan que no se hagan descastes, tanto por ser innecesarios como por su escasa eficacia en la mayoría de los casos. Pero los segundos no dejan de tener cierta razón cuando se sienten entre la espada y la pared, hoy más bien un muro de Facebook. ¿Qué hacer? ¿Quién procede correctamente? ¿El que abandera la vía objetiva o el que enarbola la postura subjetiva, más humana si se quiere?

Doble perspectiva

Yo no voy a dar la respuesta. No la tengo. Sólo estoy convencido de que ambos universos deben hablarse y entenderse. Sabiendo, eso sí, de dónde viene cada uno y poniendo de su parte para entender al otro. Quizá de ahí emanen soluciones justas e intermedias, que contenten la visión subjetiva, centrada en el ser humano, pero sin producir grandes daños en los ecosistemas, que con frecuencia no precisan de intervención alguna.

Pero, desde luego, no podemos seguir como estamos, sujetos a posturas estrictas y sin solapamiento en las mesas de negociación. Todo esto vale tanto para las ballenas atrapadas en el hielo, como para las plagas de topillos en Castilla, para los descastes de aves molestas o para el futuro del lobo ibérico. Cada uno encontrará, sin más ayuda, aplicación a lo que digo en su problema favorito o más cercano. No minusvaloremos ninguna de las maneras de manifestarse del complejo cerebro pensante del ser humano. Somos tanto un manojo de pensamientos alucinados como una cabeza cartesiana. Las dos cosas han sido vitales para llegar hasta aquí. Las dos visiones del mundo aportan belleza de uno u otro tipo y son complementarias. Puede ser una situación de partida que quizá consideremos indeseable, pero es la que hay, producto de una larga y contingente historia evolutiva. Con tales mimbres tendremos que tejer los cestos que deseamos, como dice el refrán. Son los únicos mimbres que tenemos y hemos de usarlos de la mejor manera posible.

Petroglifo de la Edad del Bronce en A laxe dos carballos (parque arqueológico de Campo Lameiro, Pontevedra). Se observa perfectamente un gran ciervo astado con flechas clavadas y una cuerda al cuello. La escena es una recreación propia de la compleja mente simbólica humana. Foto del autor.

Caminos sin retorno

Estamos acostumbrados a circular por caminos, carreteras y autopistas de doble sentido. Es decir, por rutas por las que cuesta tanto, o tan poco, ir como volver. Quizás sea eso lo que hace que nos sorprenda cuán escasas son las vías de la biosfera en las que ir y volver son aventuras de igual peso. Aunque, si pensáramos más en ello, todo nos iría mucho mejor en materia de conservación de la biodiversidad.

La baja capacidad de recuperación de las comunidades de aguas dulces contaminadas

Cuando en los años sesenta y setenta del siglo pasado la población española abandonó de golpe el mundo rural y se concentró en unas pocas ciudades grandes, cerca de recientes polígonos industriales, comenzaron los problemas relacionados con la contaminación del agua, tanto por vía urbana como industrial. Por ejemplo, en el gran humedal de la Albufera de Valencia, tercero en importancia para las aves acuáticas en nuestro país, sólo por detrás de Doñana y el delta del Ebro, la entrada masiva de contaminantes inició un proceso gradual de pérdida de las especies de flora y fauna que necesitan aguas bien oxigenadas. Pero el sistema no colapsó de golpe. Curiosamente, aguantó bien la llegada de grandes cantidades de fósforo y nitrógeno a lo largo de las antiguas acequias de época islámica, demostrando una gran capacidad de resistencia al cambio. Pero todo cambió drásticamente al incorporarse un tercer factor a la ecuación: los vertidos de productos fitosanitarios, sobre todo herbicidas para las malas hierbas de los arrozales que circundan la laguna litoral. La pérdida sincrónica de las praderas de algas y fanerógamas a causa de los herbicidas fue el detonante del inicio de un rápido proceso de eutrofia. Así las comunidades vegetales dominantes, sumergidas o flotantes, pasaron de golpe de las fanerógamas y las algas macroscópicas a las algas microscópicas del fitoplancton (la microvegetación). Su multiplicación en masa creó una capa tan densa de biomasa en la superficie del agua que bloqueó la entrada de luz solar hasta el fondo de la somera laguna, lo que a su vez impidió que allí se desarrollaran más algas o plantas macroscópicas amantes de la luz. Algo parecido a lo que ocurre en los bosques de denso dosel arbóreo, donde nada crece bajo su sombra.

Las pocas plantas que aun así consiguen enraizar son devoradas por ejércitos de carpas y múgiles que ahora dominan la comunidad de vertebrados acuáticos, frente a las casi perdidas anguilas y lubinas del pasado. Los grandes depredadores fueron cambiados por grandes herbívoros y detritívoros. Todo esto implica que el camino de regreso a la situación de partida y el de ida hacia la situación presente son completamente asimétricos, lo que hace que la recuperación del sistema sea casi imposible. Ya van treinta años de potentes inversiones económicas para sacar a la Albufera de su estado actual: colectores para las aguas industriales, caras depuradoras con sistemas terciarios de tratamiento, complejas reformas en las redes de alcantarillado de los municipios circundantes... Pero las mejoras han sido pocas. La calidad de las aguas ha mejorado, pero sigue estando muy por debajo de los parámetros deseables. Bastaron unos pocos años de desaforada actividad contaminante (aguas negras e industriales, abonos químicos y herbicidas) para que el sistema perdiera su homeostasis de manera permanente. Seguro que nadie pensó que iba a ser tan difícil que las aguas de la laguna recuperaran su calidad original cuando empezó su transformación. Al parecer las reservas de nutrientes en el sedimento son tan altas que aunque ahora entrase agua sin contaminar a la laguna tendríamos eutrofia para décadas. Y pensar en dragar los fangos es una tarea titánica que además correría el riesgo de poner en circulación metales pesados de la época inicial de contaminación industrial con lo que sería peor el remedio que la enfermedad.

Las comunidades de aves parecen más resilientes

Un mensaje más positivo procede del mundo de las aves. En un reciente estudio de nuestro equipo (1), analizamos cómo había evolucionado la riqueza de aves acuáticas en 18 humedales de la Comunidad Valenciana a lo largo de 28 años. Encontramos que el sistema en su conjunto ya ha superado la etapa de pérdida de especies habitual en un medio que se ha visto perturbado y fragmentado a lo largo de siglos. Es decir, ya no se encuentra en estado de "relajación ecológica" y ahora tiende a la homogeneización y a la ganancia de especies. Poco a poco se encamina hacia su estado original, anterior a la influencia humana. Lo cual se debe no sólo a las medidas de protección locales arbitradas durante casi tres décadas, sino también a las mejores condiciones de los humedales en el resto de España y de Europa, lo que permite el intercambio de especies con otras zonas. Por supuesto, dicho intercambio es más fácil en el caso de las aves, que tienen una mayor capacidad de dispersión a larga distancia. En cualquier caso, las especies cuya dieta está especializada en fauna y flora de aguas oligotróficas sigue sin recuperarse.

Otros ejemplos de asimetría

Otro ejemplo de asimetría entre los caminos de ida y vuelta son los incendios forestales, en los que una mínima perturbación instantánea puede deshacer un sistema ensamblado de manera gradual a lo largo de décadas o incluso de siglos o milenios. También cabe citar el devenir de la termoclina, esa frontera entre aguas calientes superficiales y aguas frías más profundas, que se genera poco a poco en el Mediterráneo durante la primavera y el verano, para que los primeros temporales de otoño se encarguen de desbaratarla de manera veloz (2). También ocurre que la dispersión de aves, cuyas poblaciones están estructuradas espacialmente al modo de metapoblaciones, no sucede con igual intensidad de los parches pequeños a los grandes como al contrario (3).

Las catástrofes geológicas como fuente de asimetría

A mayor escala espacial y temporal, las catástrofes geológicas son perturbaciones puntuales y rápidas que deshacen sistemas construidos de manera progresiva y acumulativa. Es el caso de las erupciones volcánicas, los cambios repentinos en la química de los océanos o las caídas de asteroides. En cinco ocasiones, la vida del planeta en su totalidad ha estado cerca de poner el contador a cero. Concretamente, en las fronteras que definen el tránsito del Ordovícico al Silúrico (hace unos 450 millones de años), del Devónico al Carbonífero (360 Ma), del Pérmico al Triásico (250 Ma), del Triásico al Jurásico (200 Ma) y del Cretácico al Paleoceno (65 Ma). También ocurrió algo parecido en los estadios de "bola de nieve", cuando todo el planeta estaba cubierto por los hielos, antes de la radiación del Cámbrico.

Ramón Margalef nos recuerda que la carrera armamentista humana o la deforestación de las selvas tropicales podrían ser un nuevo ejemplo de caminos sin retorno (2). O, mejor dicho, con un retorno muy lento y costoso. En otras palabras, la sexta extinción que vaticina Edward O. Wilson en *La diversidad de la vida* (4) y cuyo responsable es el ser humano, una sola especie de la biosfera. Una sexta extinción que ahora se centra en los trópicos del planeta pero que en realidad ya ocurrió en el tránsito Paleolítico-Neolítico en nuestras latitudes. El retorno a un estado con mayor entropía, más desordenado, es siempre una tentación para la naturaleza: es difícil (y contra natura) tener un mazo de cartas ordenado por colores y números, pero hay mil formas posibles de que esa baraja yazca en el suelo desordenada. Mil estados posibles de equilibrio, frente a uno —o unos pocos— de orden forjado a fuerza de invertir mucho esfuerzo en ello.

La perturbación no siempre es perjudicial

Si no destruyen el sistema completamente, las perturbaciones a escala de tiempo ecológico pueden incluso introducir diversificación en el mismo al situar los procesos de sucesión en sus fases más tempranas o juveniles. Estos mosaicos de diversidad pueden ser promotores de nuevas adaptaciones a escala microevolutiva. El retorno a fases más tempranas también puede ir acompañado de nuevas vías abiertas a la macroevolución, sobre todo por la "sucesión de biomas" que conllevan los cambios climáticos asociados a las perturbaciones geológicas.

El problema, incluso más que en la magnitud, está en las sinergias (el todo es más que la suma de las partes), como decíamos al principio, y también en la frecuencia de las perturbaciones. No en la perturbación en sí misma. Es sabido que los pequeños mamíferos del Triásico superior no hubieran abandonado la protección de la noche, ni su pequeño tamaño, si no se hubiera producido la extinción en masa de los grandes dinosaurios a finales del Cretácico. Eso implica que nosotros los primates nunca hubiéramos surgido de no haberse dado una gran extinción previamente. Así pues, la extinción o la perturbación ecológica, no son necesariamente perjudiciales. El ejemplo clásico, a escala ecológica, es el de los incendios forestales en latitudes mediterráneas. El fuego no es en sí un problema, sino la frecuencia con el que provocamos incendios, ya que interrumpen el lento proceso de recuperación ecosistémica una y otra vez, con pérdidas acumuladas de suelo en cada episodio. Esto no sólo hace que aumente la asimetría entre las vías de ida y vuelta, sino que, en caso de que sea viable, el horizonte final de recuperación será forzosamente muy diferente al inicial. También sabemos que la frecuencia y la intensidad de los eventos de perturbación están inversamente relacionadas: basta con mirar los cráteres de la luna para darse cuenta de que los más grandes son también los más escasos. Desde luego, de suceder lo contrario, la vida en la Tierra habría sido inviable.

Acequia de aguas eutrofizadas en la Albufera de Valencia repleta de múgiles. El camino para recuperar este gran humedal, como muchos otros, está resultando muy lento y costoso, sobre todo si se compara con la rápida etapa de vertidos contaminantes responsable de dicha eutrofización. Foto: Joan Miquel Benavent / Oficina Técnica Devesa-Albufera.

¡Cuéntame!

Una de las actividades más provechosas para gestionar flora y fauna es, simplemente, contar. Pero muchas veces no se hace, o se hace mal. Por ejemplo, hay que contar en el momento oportuno.

Para determinar a qué ritmo crece o decrece una población, lo mejor es someterla a una serie de conteos. También nos servirá para proyectarla hacia el futuro y predecir así qué tamaño tendrá al cabo de horas, días, semanas, meses o años. Todo según la especie que nos interese y las preguntas que queramos responder. Pero contar implica cometer errores.

Cuéntame, pero cuéntame bien

Imagina que tu tarea es averiguar cuántos nidos de gaviota patiamarilla hay en un islote cualquiera. Si estamos hablando de un islote pequeño y con poca vegetación no será difícil. Lo más seguro es que cuentes todos los nidos. Pero si hablamos de un espacio más grande la cosa cambia. Incluso con un equipo de muchas personas es fácil dejarse algún nido sin contar, escondido entre la vegetación. En estos casos puede utilizarse una sencilla técnica denominada "captura-marcaje-recaptura". Consiste en recorrer la parcela no una, sino dos veces. Durante la primera vuelta debes marcar todos los nidos que encuentres. Las marcas deben ser fáciles de ver pero difíciles de eliminar por las gaviotas. En la segunda vuelta anotarás tanto los nidos ya marcados como los que encuentres nuevos. Esa es toda la información que necesitas para estimar el número total de nidos.

¿Cómo? Pues mediante una sencilla regla de tres. Basta con asumir que la proporción de nidos totales respecto a nidos marcados se mantiene constante entre las dos vueltas. Para poder explicarlo, os presento... el índice de Lincoln-Petersen: $N/M = C/m$. Donde N es el tamaño total de población que anhelamos averiguar, M el número de nidos marcados en la primera vuelta, C el número total de nidos encontrados en la segunda vuelta y m el número de nidos encontrados en esa segunda vuelta que ya habían sido marcados en la primera. Si os fijáis, la situación ideal sería que m fuera igual a C, es decir, que en la segunda vuelta todos los nidos que encontremos ya hubieran sido localizados y marcados en la primera. En tal caso el cociente es igual a 1, por lo que la relación N/M es también necesariamente igual a 1, lo que quiere decir que el número real de nidos en la población es exactamente el que encontramos en la primera vuelta. Nuestro censo no habría tenido error. Pero eso pasa pocas veces. Veamos un ejemplo con números.

Supongamos que en la primera vuelta encontramos 80 nidos. En la segunda encontramos 60, de los cuales 40 ya estaban marcados por nosotros en la primera vuelta. Por lo tanto, el número estimado de nidos será de 120. Recordad que estamos hablando de estimas aplicando el índice de Lincoln-Petersen. Si nos hubiéramos fiado de la primera vuelta nos habríamos ido a casa pensando que hay 80 nidos, mientras que había 120 en realidad. Habríamos subestimado el número de nidos en nada menos que ¡un 33%! Lógicamente, cuanto más parecidos sean C y m menos diferencia habrá también entre el primer conjunto de nidos marcados y la estima definitiva.

Cuéntame y estímame

Aunque la estima final puede ser puntual (un sólo número de nidos), también cabe calcularla en forma de intervalo, lo cual es mucho más adecuado. En el caso anterior (para no meter aquí otra fórmula tendréis que fiaros de mí) la estima oscila entre un mínimo de 93 y un máximo de 173 nidos. Y ese sería nuestro resultado final. O bien nos quedamos con la estima puntual del índice de Lincoln-Petersen de 120 nidos, que sería equivalente a una media, o bien ofrecemos el intervalo de confianza en torno a esa media en forma de horquilla: entre 93 y 173 nidos.

Ahora ya tenemos una estima sólida a partir de la cual podemos calcular el ritmo de crecimiento de la población (mediante procedimientos matemáticos que no vienen al caso) y proyectarlo en el futuro. Suponiendo, claro está, que las cosas sigan sucediendo como hasta ahora.

Huelga decir que este procedimiento no sólo sirve para contar cosas estáticas, como los nidos de gaviota, sino también cabras, lobos, escarabajos o sapos. Cualquier animal que pueda ser capturado y marcado sin que eso afecte a las subsiguientes localizaciones ni a su supervivencia. Es cierto que algunos animales son difíciles de capturar o que más vale no hacerlo. Entonces lo mejor es contarlos no una sola vez, sino varias, para poder determinar nuestro grado de error (1, 2). Una forma más sofisticada de estimar N es marcar a los individuos capturados de manera individualizada (con códigos) o identificar sus marcas naturales, tarea que facilita la fotografía digital, y seguirlos a lo largo del tiempo. Es verdad que requiere mucho esfuerzo volver a localizar repetidas veces a los animales marcados, pero tiene la ventaja de que nuestra estima de la población será un dato sólido y que el proceso nos permitirá estimar otros parámetros demográficos importantes. A veces la genética viene en nuestra ayuda y nos permite contar los animales a partir del ADN de sus restos, como en el caso de los excrementos de nutria (3). Además, genética y captura-recaptura no son técnicas excluyentes, sino complementarias.

Cuéntame, pero en el momento oportuno

Otro problema habitual en este mundillo nuestro es que no se evalúan las medidas de gestión. El responsable suele pensar en solucionar un problema, pero no diseña su actuación de forma que pueda evaluar luego su éxito. Lo cual es fundamental para saber si se han invertido bien tanto el esfuerzo como el dinero y si vale la pena o no repetir la experiencia en otros sitios. Pongamos que se construye una vía del tren de alta velocidad y la Administración, en su declaración de impacto ambiental, considera necesario construir pasos para la fauna. De poco servirá hacerlos si luego nadie se para a evaluar su eficacia y eso exige planificar un protocolo mínimamente sesudo.

Dicho procedimiento se denomina BACI, unas siglas que todo gestor debería llevar grabadas a fuego en su mente. BACI viene de Before-After, Control-Impact. Es decir, para evaluar la efectividad de algo hemos de contar, sí, pero antes (before) y también después (after) de cada actuación. Lo ideal sería contar también durante, sobre todo en actuaciones a largo plazo. Y no sólo eso, sino que necesitamos contar también en la zona tratada (impact) y en otra lo más parecida posible (control) que no se haya visto alterada por la actuación cuya influencia queremos evaluar.

Vamos a suponer que llevamos a cabo una campaña de desratización en un islote y que luego queremos saber si eso ha tenido algún beneficio para las plantas que se comían las ratas. No basta con ir después y ver si hay muchas plantas. Para empezar, habría que comparar ese "muchas" con algo que nos permita cuantificar su aumento en densidad o diversidad, o sea, con la situación previa. En segundo lugar, hay que considerar otros posibles factores que pueden arrojar el mismo resultado; por ejemplo, quizá las plantas se recuperaron por eliminar las ratas o bien porque justo llovió en esos días lo que no había llovido en meses. Esa información nos la dará nuestro islote control, en el que observaríamos si, a pesar de tener ratas, las plantas han aumentado también. Para ser justos hay que admitir que en los trabajos de campo es difícil contar con controles verdaderos. Necesitamos un islote de tamaño y características semejantes al que vamos a manejar. Pero eso, estrictamente hablando, no sucede nunca y habrá que conformarse con uno lo más parecido posible. Como la propia evolución siempre trabajamos con lo menos malo disponible, que puede distar mucho de lo mejor imaginable.

Una vez hechos los conteos en parcelas debidamente escogidas, hemos de encontrar que la variable más relevante para explicar las variaciones en la densidad de plantas es la interacción entre el antes/después y el control/tratamiento. En tal caso podremos concluir que el cambio en densidad sucedió de manera diferente en la parcela objeto de tratamiento con respecto a la que sirve de control. Si todo ha salido como esperábamos, el aumento del después respecto al antes debería ser mayor en la parcela tratada que en la control.

Cuéntame, pero no me cuentes cuentos

Para hacer las cosas bien sólo hace falta un poco de previsión y organización. Y saber echar a posteriori unos cuantos números. No cuesta gran cosa diseñar bien nuestro trabajo de campo y las ventajas son sustantivas. En el supuesto de la desratización diríamos que, en efecto, fue una actuación positiva para las plantas (no se debió a otra cosa por casualidad) y hubo un aumento en riqueza o densidad de especies cuya magnitud podemos cuantificar. ¡Perfecto!

Si tenéis responsabilidades públicas (o privadas) en el mundo de la gestión de la naturaleza, por favor, iros a dormir con estos nombres en la cabeza: Lincoln-Petersen y BACI. Las mejoras que pueden reportar a vuestra vida profesional son enormes. Para mi forman parte de lo que podríamos denominar "un mundo mejor" en lo que respecta a conservación de la biosfera.

Zorro (Vulpes vulpes) con un conejo en las fauces detectado por cámara de foto-trampeo. Si un zorro listo quisiera averiguar cuántos conejos hay en su territorio tendría que hacer una sesión de captura, marcar a los conejos, liberarlos sanos y salvos y volver a hacer una segunda sesión de captura. Foto: Daniel Cara.

¿Tienes fuego?

No fumo, nunca he fumado. Pero esta frase hecha me pareció una buena manera de atraer la atención del lector hacia un tema complejo: los incendios forestales de grandes dimensiones. Es uno de esos campos para los que todo el mundo tiene una explicación. Quizás es lógico que sea así pues las causas son multifactoriales. Pero tratemos de poner un poco de orden dentro del aparente caos.

Cuando uno trata de explicar el porqué de algo en biología necesariamente tiene que hacer una distinción entre causas próximas y causas últimas. Y distinguir entre causas y mecanismos también. Así, jerarquizando, estableciendo niveles, se ven las cosas más claras. En el caso de los incendios forestales hay una causa próxima que salta a la vista: hay muchos incendios de gran extensión, porque hay mucha biomasa acumulada. Sin mucha biomasa acumulada no hay incendios grandes, simplemente. Pero este primer paso sólo nos lleva a preguntarnos por qué hay tanta biomasa acumulada en nuestros montes. Y aquí es donde entra en juego la multifactorialidad. Vamos a intentar desglosar las distintas causas últimas que pueden haber llevado a esta situación.

Repoblaciones forestales

Buena parte de las masas forestales que tenemos actualmente son hijas de las repoblaciones forestales orquestadas primero desde la dictadura de Miguel Primo de Rivera (años 20 del siglo XX) y posteriormente desde el franquismo. En 1941 se creó el "Patrimonio Forestal Español" (PFE), organismo cuya misión fue potenciar la economía forestal española en plena postguerra, como defensa ante el aislamiento internacional que sufría el régimen dictatorial. La actividad fue frenética, especialmente en la década 1952-1962 y hacia 1965 el trabajo estaba acabado. En poco más de 20 años se había llenado la Península (especialmente el norte) de pinos y eucaliptos (1), con plantaciones extensas y continuas. Huelga decir que las repoblaciones emplearon especies que son o bien pirófitas (que necesitan el fuego para reproducirse) o bien pirófilas (que son beneficiadas por el fuego pero no dependen de él), lo cual no ayuda nada tampoco.

Abandono del mundo rural

Este punto no existe desligado del anterior. Los planes desarrollistas del franquismo se articularon en dos etapas. Primero, el PFE invadió, robó y repobló los terrenos comunales de las comunidades agro-pastorales que eran vitales para el desarrollo de la agricultura, pues de ellos procedía el matorral de leguminosas que se empleaba para generar el abono de los huertos. Con ello puso a los agro-ganaderos y sus economías de subsistencia (que no de comercialización), contra las cuerdas. Una vez conseguido esto el franquismo, a través de los tecnócratas del Opus Dei, da una segunda vuelta de tuerca a la situación y crea el "Plan de Estabilización" (PE). Es decir, surgen grandes factorías y polígonos industriales en las ciudades principales y se fomenta la emigración desde el mundo rural a las ciudades. La mayoría de nosotros somos hijos urbanitas de padres campesinos que vivieron ese tránsito. A resultas de todo ello el campo se vacía y todas las actividades extractivas que se realizaban hasta entonces (que tenían al bosque reducido a una mínima expresión) desaparecen o se minimizan, lo que fomenta la expansión del mundo arbóreo. Seguramente no hemos tenido tanta superficie forestal desde hace muchos siglos.

La raíz de este proceso se podría remontar hasta la importación del capitalismo en este país, de manos de los liberales de Práxedes Mateo Sagasta, quienes trataban con ello de acabar con el secular caciquismo, relicto del medievo. Y también hasta la desamortización de los terrenos comunes practicada por Pascual Madoz. El único tipo de propiedad que se veía rentable para "salir del atraso" era la propiedad individual y así los terrenos comunes empezaron su declive ya desde mediados del siglo XIX (1). Por tanto, pues las causas de los incendios de hoy en día hay que buscarlas ¡más de 150 años atrás!

Herbivoría

El abandono del rural y la expansión del bosque han conllevado la expansión de algunos pequeños herbívoros, notablemente el corzo. Pero en nuestros montes falta la herbivoría (ramoneadores y pastadores) del Pleistoceno, la de los grandes mamíferos herbívoros (el caballo salvaje, el uro, los asnos salvajes, el ciervo en muchos sitios, el rinoceronte del bosque, el elefante de defensas rectas). Esa labor fue sustituida en el mundo agrosilvopastoral por la apertura de bosques para la agricultura y por la labor de la gran fauna doméstica (vacas, caballos, burros, cabras, ovejas). Muerto el mundo rural muere también esa importante labor de aclarado de los montes. Es decir, las masas forestales extensas, amantes del fuego, son además demasiado densas. Más densas de lo normal, de lo natural, por así decirlo.

Debido a estas causas últimas llegamos hasta la causa próxima y por todo ello tenemos hoy en día un sustrato base muy favorable para la ignición, especialmente en los secos y tórridos veranos mediterráneos, o en años con condiciones meteorológicas especiales, como pasó en diciembre de 2015 en Asturies, donde los efectos del fenómeno El Niño (escasez de lluvias, altas temperaturas, vientos fuertes) provocaron una oleada de más de cien incendios. Sobre ese sustrato pueden actuar diversos mecanismos de ignición (que habitualmente son tildados de causas). Veamos los principales:

Azarosos o estocásticos: el caso paradigmático sería el rayo, en las tormentas secas mediterráneas. No es el caso en la región eurosiberiana de la Península Ibérica, pero en el resto de ella (de carácter mediterráneo) la coincidencia en los estíos de las temperaturas más altas con la ausencia de lluvias genera un cocktail muy proclive a los incendios, de manera espontánea.

Accesibilidad: La colilla que cae desde la ventanilla del coche y por casualidad acaba prendiendo parece un factor estocástico a primera vista, pero muchas veces es consecuencia casi determinista de la mayor accesibilidad a las masas boscosas que generan la apertura de pistas y carreteras en las montañas.

Históricos: la continuidad de viejas prácticas, como las quemas de rastrojos, podas, matorral, que en los paisajes de antaño era imposible que se nos escapasen de las manos, ahora se convierten en una fuente de peligro. Actividades que "se han hecho toda la vida", ahora están fuera de sitio en los nuevos paisajes cargados de biomasa.

Sociales: las rencillas entre vecinos o los intereses contrapuestos entre miembros de las comunidades de montes (ganaderos que prefieren espacios abiertos, pastos, frente a otros más interesados en el provecho forestal).

Económicos: aquí entrarían motivos de índole moderna, capitalista, como los intereses urbanísticos. Buena prueba de ello es la facilidad con la que arden los montes cuando las leyes permiten la urbanización del territorio en los terrenos quemados o la venta de madera quemada. Es una invitación a "darle" fuego al monte. También lo son las subvenciones de la Política Agraria Comunitaria a las superficies de pasto para el ganado, que pueden ser percibidas a partir de que haya transcurrido un año del incendio.

Es útil mantener este esquema jerárquico en mente: causas últimas, causas próximas y mecanismos, sin confundir los unos con los otros, para poder atajar el problema de raíz.

Recapitulando

En definitiva, no se equivoca del todo el paisano cuando dice que el monte arde porque "está sucio". Claro, a los ojos del ecólogo y del naturalista, el monte "sucio", lo que se dice sucio, no está. No tiene basura y la vegetación que vemos es la sucesión ecológica avanzando hacia la vegetación potencial de la zona, recuperando el terreno y el tiempo perdidos (2). Pero hemos de entender lo que quiere decir el paisano. Antaño no había casi bosque. Antaño el poco bosque que había estaba muy aclarado por las extracciones de matorral y por la acción de la herbivoría del ganado doméstico. Y antaño no había incendios. Al menos, no incendios tan extensos que ni los hidroaviones pueden apagar. Hogaño, los pocos y aclarados bosques que teníamos eran sobre todo de frondosas, no de especies pirófitas. Además nuestras masas forestales en recuperación (pongamos una maquia con pinar asociado que camina hacia un encinar) tienen más densidad de matorral del que sería esperable en un paisaje prístino europeo lleno de grandes herbívoros salvajes. Al menos en este aspecto no se equivoca el nativo al exclamar que el monte está sucio. Obviamente él o ella también se refieren a que los árboles ocupan ahora el lugar que décadas atrás era terreno de pasto o zona de cultivo, ganados al bosque con mucho trabajo de sus antepasados. Nosotros sin embargo vivimos esa expansión como algo bueno, como una recuperación de la naturaleza. Pero no hay que olvidar sin embargo que muchas de las especies que caracterizan a la fauna europea silvestre que ha llegado hasta el siglo XXI son especies de espacios abiertos, seleccionadas a lo largo de milenios de actividad humana. Así pues el regreso del bosque es bienvenido pero se cobrará sus bajas en forma de menos perdices, menos conejos, menos alondras, menos mariposas y menos anfibios. Y más incendios. Muchos más y mucho más grandes. Ya se lo está cobrando de hecho.

Tal vez los mecanismos autoreguladores se pongan en marcha de nuevo. La crisis económica del mundo basado en el capital sin controles, la crisis de las grandes ciudades poco vivibles, en paralelo con la recuperación de las masas forestales, empieza a atraer gente de vuelta al rural. Puede que los neorurales se conviertan en los nuevos pastores de la biodiversidad, aunque los pioneros lo tendrán muy difícil. Desde luego no podemos esperar que las administraciones puedan manejar el paisaje para mantener grandes zonas abiertas a la fuerza, artificialmente. No creo que sea deseable, desde el punto de vista de la conservación, el regreso a un pasado con un rural superpoblado en el que los bosques queden reducidos a pequeñas manchas y el lobo y la comadreja vuelvan a ser enemigos públicos. Pero el regreso de cierta cantidad de urbanitas concienciados, con nuevas prácticas, nuevas éticas y nuevos objetivos, es probablemente lo mejor que le podría pasar a la diversidad biológica ibérica. Hasta las especies más forestales, como el urogallo del Pirineo, no llevan bien estos nuevos bosques tan densos, con poca herbivoría donde a las crías les resulta difícil tener largas distancias de huida de los depredadores (3). En este sentido la reintroducción de un carnívoro especialista en el bosque como el lince boreal (que ahora comienza a plantearse como una posibilidad) podría tener unas consecuencias tremendas para unos urogallos que viven ahora en bosques muy subóptimos para defenderse de los depredadores. Y desde luego la única manera de acabar con esos devastadores incendios de hoy en día es restarle biomasa al monte, mediante aprovechamientos racionales y de intensidad intermedia y empleando al ganado como sustituto de la megafauna perdida.

Maquia termomediterránea arbolada con (Pinus halepensis), ocupando una umbría valenciana donde la vegetación potencial es la carrasca (Quercus ilex ballota). La gran acumulación de biomasa es la causa próxima de la gran extensión de los incendios forestales actuales, a su vez debida al abandono del rural y la ausencia o escasez de grandes herbívoros (causas últimas). Foto del autor.

El paradigma cambiante

Las grandes revoluciones suceden de manera relativamente rápida e imprevista, tras largos periodos de aparente estancamiento o constancia. En esto se parecen al proceder de la macroevolución en la naturaleza, el proceso que genera nuevas especies.

Durante milenios los humanos hemos vivido de manera predecible y estable. Uno nacía en el seno de una pequeña comunidad y ya sabía que se llamaría como su padre o su abuelo, que heredaría su modo de subsistencia y que apenas saldría de la aldea en toda su vida (1). Pero llegó la Revolución Industrial y lo puso todo patas arriba. En España los primeros intentos de industrialización empezaron en torno a 1850, cuando los liberales (en origen progresistas) trajeron el capitalismo con la buena intención de acabar con el caciquismo y el feudalismo que aún coleaba. Este proceso, que los amantes de la naturaleza solemos percibir como algo negativo, estuvo rodeado de una aureola de avance en lo social. Permitió a la mayor parte de la gente librarse de la esclavitud que ejercían los grandes propietarios de fincas rústicas.

Como comentábamos antes hacia los años cuarenta del siglo XX, Franco creó el Patrimonio Forestal Español (PFE) con el propósito de llenar todo de árboles, especialmente la franja norte peninsular, como medida de precaución económica ante el creciente boicot de los países de nuestro entorno. Aquello destruyó la forma de vida tradicional, a propósito o como daño colateral, y acabó con los montes comunales que eran imprescindibles para obtener estiércol (2). Cerrada la fuente de abono y destruido el sistema agropecuario, fue fácil que triunfase el Plan de Estabilización que concentró a la población rural en unas pocas ciudades dotadas de polígonos industriales: Barcelona, Madrid, Bilbao. La última vuelta de tuerca la dio la entrada de nuestro país en la Unión Europea, que impuso limitaciones a ciertas producciones ganaderas y agrícolas, reservando para la piel de toro el papel de geriátrico y lugar de vacaciones de los europeos del norte. Moría así definitivamente el milenario campo español y nacía, de golpe, un nuevo paradigma.

Un nuevo paradigma también en conservación

Todo esto nos sitúa ante un escenario absolutamente novedoso para nuestra civilización. Hemos construido un mundo en el que el trabajo no sirve para subsistir, sino para ganar dinero, con el que comprar cosas, muchas de ellas prescindibles desde el punto de vista de la supervivencia. Un mundo en el que la movilidad de las personas y las mercancías forma parte de la normalidad.

Por el camino, la gente se ha ido alejando de la naturaleza, con algunas consecuencias llamativas. En primer lugar, el bosque ha reconquistado antiguos espacios agrarios y buena parte de la fauna forestal se ha recuperado, en detrimento de la que vivía en espacios abiertos. Las especies depredadoras de mediano y gran tamaño se han visto beneficiadas, en contra de las especies presa de pequeño tamaño. Finalmente, los animales antaño perseguidos han cambiado de costumbres tras perder el miedo, de ahí que ahora haya jabalíes que atacan a los perros de los paseantes o accidentes de tráfico provocados por corzos. Es el nuevo paradigma de la conservación. La gente de la ciudad ya no tiene interés en cazar perdices, palomas, conejos, liebres o codornices y su impacto directo sobre la fauna es mucho menor. Las licencias de caza llevan una tendencia decreciente en las últimas décadas. Por contra, han aumentado los efectos indirectos debido a la construcción de infraestructuras de transporte (autovías, autopistas, vías férreas, puertos, aeropuertos) y nuevas centrales de suministro de energía: aerogeneradores, plantas solares, embalses. Un mundo nuevo. ¡Lo nunca visto!

Conservar la biodiversidad en un mundo post-industrial

En este mundo post-industrial, la clave para conservar la biodiversidad no creo que deba ser ni el desarrollo sostenible (un oxímoron en sí mismo) ni los servicios ecosistémicos (de planteamiento muy antropocéntrico). Proteger praderas de *Posidonia*, porque fijan más dióxido de carbono que las selvas tropicales, o moluscos del género *Conus*, porque producen un analgésico cien veces más potente que la morfina, son fines peligrosos. Hay soluciones técnicas, como los sumideros artificiales de carbono o la síntesis química de sustancias inventadas por la naturaleza, que pueden hacer que *Posidonia* y *Conus* sean prescindibles a corto plazo. Parece más adecuado aspirar a mantener en funcionamiento los procesos ecosistémicos, garantizar el funcionamiento de la maquinaria de la naturaleza. Conservar vivos los procesos ecológicos y también los evolutivos que generan los patrones que estamos acostumbrados a ver ahí fuera.

En esta línea va por ejemplo el *"rewilding"*, que en alguna versión blanda me parece bastante interesante. Las especies exóticas, por cierto, pueden cumplir papeles de sustitutos funcionales muy importantes en algunos casos y debemos tener la mente abierta a ello. Esto es especialmente relevante en las islas, donde las comunidades están ya muy simplificadas de por sí y la extinción neolítica se hizo notar de manera especial debido a que los sistemas eran menos redundantes.

La restauración ecológica

Toquetear los procesos naturales siempre tiene efectos imprevistos de mayor o menor magnitud. A mí las cuestiones de conservación cada vez me parecen más sociales que biológicas. Las decisiones digamos sociopolíticas de conservación se camuflan de ciencia muchas veces, aunque ésta no tenga nada que decir en realidad ante las preferencias humanas. ¿Quieres un modelo de restauración de un humedal que lo devuelva a su situación de hace 100 ó 1.000 años? Sírvase usted mismo. ¿Quiere favorecer a los insectos, al suelo o a las aves cuando decide sacar o no la madera muerta de un pinar quemado? A su gusto, no hay reglas universales (3, 4). Una opción alternativa es estarse quieto y no hacer nada, porque no se sabe en qué momento vamos a provocar un efecto imprevisto ni lo grave que será. Así que todo depende de los riesgos que uno esté dispuesto a asumir. En general, diría que lo más seguro es intervenir lo menos posible y que se alcancen nuevos equilibrios espontáneamente; aunque sean eso: completamente nuevos: *novel ecosystems*, en su expresión inglesa.

Caminos de futuro

La única manera de combatir el actual expolio del planeta es acabar con las desigualdades económicas, con la pobreza extrema. Los pobres han de enriquecerse, como ya ocurre en China o la India, y los países ricos vamos a tener que empobrecernos un tanto. También lo estamos haciendo ya y posiblemente como consecuencia del enriquecimiento ajeno. A esto podemos llamarle "crisis mundial", pero más bien parece un proceso de suma cero. Dicho proceso estará en marcha hasta que se alcance un nuevo equilibrio en el que el dinero ya no pueda fluir, como el agua entre dos estanques al mismo nivel. Cuanto antes hagamos esa transición, mejor. Menos pérdidas ambientales por el camino. La persistencia de nuestros espacios protegidos (y no protegidos) en las zonas templadas del planeta está bastante asegurada. Pero la catástrofe biológica tiene lugar allá abajo (mirando desde aquí), precisamente donde se empaqueta la mayor parte de la diversidad mundial, testigo de tiempos antiguos en los que el clima tropical o subtropical afectaba a la práctica totalidad del planeta. La biosfera que se salve será la que llegue a ese nuevo punto de equilibrio. No veo otro camino. Los problemas son ya globales, no de aldea.

La conservación como sistema de valores y de emociones

La conservación es sobre todo un sistema ético y sólo existe como realidad objetiva en la compleja red que forman los cerebros del *Homo sapiens*. La segunda transición necesaria, además de acabar con las desigualdades, es desarrollar una nueva ética planetaria de respeto y de pertenencia al planeta. Eso tardará (quizás siglos) en ser una realidad, pero hay que ir haciéndola crecer granito a granito. La ciencia tiene un importante papel a jugar en el desarrollo de esa nueva ética, por cierto. Una labor que apenas está haciendo hoy en día.

De momento, haríamos bien tratando de conseguir que la gente establezca más vínculos emocionales con la naturaleza. La clave de la conservación está más en las emociones que en el dinero que se invierta. Desde el punto de vista psicológico, nosotros, los naturalistas, deberíamos estar dispuestos a perder un poco el romanticismo del "lobo agreste en la cárcava ibérica", aunque nos cueste, a cambio de que sea mucha la gente interesada en ver al lobo vivo. Son otros tiempos. Seguramente para bien. Mientras debemos tratar de conseguir que, con todos los cambios que están sucediendo en el paisaje, aunque las poblaciones de especies desfavorecidas se reduzcan mucho, no lleguen al punto de no retorno, porque nuevas circunstancias sociopolíticas y económicas pueden permitir que, a partir de esos reductos, las poblaciones vuelvan a recuperarse y expandirse en el futuro, como un muelle cuando deja de estar comprimido.

Osa con su cachorro en Muniellos (Asturias). Desde hace unas décadas las especies escasas y de gran tamaño han empezado a recuperarse gracias a políticas activas de protección. Por el contrario, las especies pequeñas y comunes, como los gorriones, están en declive debido a los cambios en el uso del suelo y al éxodo rural. Paradojas de la vida. Foto: Daniel Cara.

EPÍLOGO

Empecé este libro con una introducción dedicada a reivindicar la necesidad de reconocer la profunda interrelación entre las tres grandes fases de nuestro cerebro: la de reptil ya mamiferoide, la de mamífero ya primate y la propiamente humana, de neocórtex complejo. Lo que yo llamo... ¡el verdadero misterio de la Trinidad! El cerebro triúnico. En comprender e integrar esta imbricación de las necesidades primarias, las emociones, la razón y las creencias propias de la mente racional simbólica, radica el futuro del avance del conocimiento para la humanidad y el de su propia persistencia. El famoso templo de Apolo, ubicado en Delphi, Grecia, recomendaba ya por los siglos VII a IV a.C. que nos conociéramos a nosotros mismos (*Nosce te ipsum*, en su vesión latina). Y esta aparente obviedad sigue siendo asignatura pendiente, en gran parte porque nuestro cerebro ha evolucionado para asegurarnos la supervivencia en nuestros hábitats de evolución y poco más, no para ser introspectivo y estudiarse a sí mismo. Igual que las narices no nacieron para soportar anteojos, ni los ojos para leer libros, sino para juzgar si las frutas de los árboles estaban o no maduras cuando el dosel arbóreo era nuestro hogar. Las primeras civilizaciones, de las que tenemos constancia, que dejaron de vivir en un mundo dominado por los mitos y lo mágico, como forma de explicar lo desconocido, fueron los griegos presocráticos, pero también diversos pueblos de la India y China, de manera convergente, todos ellos hijos de la maduración de la revolución neolítica. Así, entre el 800 a.C y el 200 a.C se vivió la denominada Era Axial y surgieron las raíces de lo que ahora llamamos ciencia: tratar de explicar el mundo, el *kósmos*, a través de la racionalidad y el empirismo. Pero ese hito no duró largo tiempo y fue abandonado durante toda la Edad Media, hasta que finalmente fue resucitado en el Renacimiento, en gran medida como consecuencia del encuentro fortuito entre el mundo eurasiático y el americano, que volvían a cerrar el círculo tras un peregrinaje por separado de al menos 13.000 años. Aquel encuentro (con consecuencias asimétricas para ambas partes) en pleno siglo XV sólo podría compararse a encontrar hoy en día un planeta habitado por otros seres humanos. Sin duda le abrió los ojos a mucha gente. La ciencia ha de avanzar hacia el conocimiento de la biosfera y de nuestro papel histórico en ella, aunando emociones, trascendencia y racionalidad. Haciendo del conocimiento belleza. Empleando la tendencia trascendente del cerebro simbólico con fines constructivos y de crecimiento humano, no, como hasta ahora, al servicio de dioses todopoderosos, paradigmas de lo que el ser humano desea ser en el fondo. Deidades que existen sólo en la "cerebrosfera" humana, hechos a nuestra imagen y semejanza y gestionados por instituciones absolutamente intrascendentes y terrenales, que supieron ver desde lejanos tiempos la vulnerabilidad del cerebro humano, desamparado en la propia consciencia de su existencia. Una ciencia unida al arte, *sensu lato*. Unida a la música, a la danza, a la pintura. Una ciencia sin compartimentaciones artificiales. Una ciencia que nos ayude a ser conscientes de nuestras debilidades biológicas: la apetencia por el azúcar, la sal, el alcohol, por nuestras tendencias tanto agresivas como "borreguiles" en lo social y nos ayude a no ser esclavos de ellas, en el día a día, y a dirigir nuestra "mente alucinada" hacia el respeto y la humildad. El respeto hacia nuestros semejantes y hacia todos los componentes de la biosfera, aun reconociendo nuestra gran singularidad: la de la materia que se piensa a sí misma. Hemos evolucionado en mosaico. En forma de collage. Nuestras manos, por ejemplo, son ancestrales, antiguas, y comparten su estructura pentadáctila con muchos anfibios, reptiles y mamíferos. Pero nuestro neocórtex es nuevo y complejo. Una complejidad que le viene de contar con un mayor número de conexiones entre neuronas, por pasarse más tiempo en el horno del desarrollo. La teoría de la evolución es una de las herramientas más relevantes que tenemos a mano para entendernos. Seguramente es el avance intelectual más grande que se haya hecho nunca, incluso por encima de comprender la estructura de la materia. Una teoría que, sin perder sus raíces darwinianas, ha evolucionado ella misma hacia cotas de enorme sofisticación. Lo que en principio parecía un sistema simple, de simples mutaciones, que regulaban aspectos individuales de nuestra anatomía o conducta, ha derivado con el tiempo en una rica teoría que engloba cambios genéticos simples, sí, pero también modificaciones en los ritmos de desarrollo, elementos transponibles del genoma (que forman la mayor parte de nuestro ADN y son hebras relictas de antiguos virus y retrovirus que se nos han ido añadiendo con el tiempo), alteraciones en secuencias reguladoras que producen cambios masivos en el genoma, reutilización de genes, influencias directas del ambiente a través de la epigenética, y lo que nos quedará por ver. Tenemos la suerte de vivir en esta época de la teoría de la evolución expandida, curiosamente recuperando muchas de las ideas que el propio Darwin vertió originalmente y que posteriormente fueron podadas por sus seguidores. La ecología, como ciencia, al contrario que la evolución, se encuentra en una fase de profundo estancamiento. Los grandes avances que hizo la ciencia a la que me dedico, son cosas de décadas pasadas. No existe esa viveza de la evolución. No te despierta cada día una noticia nueva en los periódicos sobre nuevos descubrimientos ecológicos, es decir, de interrelación entre los seres vivos y su entorno. La ecología está pendiente de una nueva revolución, de abrir nuevas direcciones, de realizar nuevas fusiones con otras disciplinas. Esperemos que eso llegue. Finalmente, la última pata de este libro, la conservación, la biología de la conservación, está inmersa en la creación de un nuevo paradigma. Un paradigma en el que, cosa interesante, el ser humano despunta como un agente de cambio, no necesariamente de destrucción. Un paradigma en el que destaca la capacidad de respuesta plástica de las especies ante los cambios ambientales. Hemos menospreciado la capacidad adaptativa y de habituación cultural de buena parte de las especies de animales y plantas y hemos sobrevalorado nuestro papel como agente de destrucción. Un nuevo paradigma en el que el calentamiento global podría emerger curiosamente como un mecanismo a nivel planetario que nos está alejando de la próxima glaciación que el sistema solar nos tenía programada (aunque pueda derivar a corto plazo en periodos de súbito enfriamiento en el hemisferio norte por alterar la corriente termohalina del Atlántico norte) y los osos polares hibridan con los osos pardos dando lugar a algo nuevo, burlando así la extinción, como pasó en los pueblos de Latinoamérica con la creación del mestizo. Hay que romper mucha inercia y mucha tendencia interna a la generación de dogmas intocables. Para crecer en paz en el futuro tenemos que empezar a quitarnos de encima el estigma de que somos malos por naturaleza. La naturaleza humana existe (por mucho que filósofos, sociólogos y psicólogos hayan tratado de velar esta verdad) y nuestro comportamiento tiene su explicación en gran medida en el lejano pasado. Los instintos nos pueden aportar aspectos negativos pero también muchos positivos. Sin ellos no seríamos angelitos, sino demonios egoístas de sangre fría, como nos recordaba Konrad Lorenz. No hay más que ver el cuidado con el que una enorme águila alimenta a sus crías para entenderlo. En fin, como ya advertía Unamuno, de nada sirve el conocimiento, la acumulación de conocimiento, si no es para cambiarnos de arriba abajo, para hacernos más sabios y felices en nuestra vida diaria. Lo demás es sólo erudición y coleccionismo que no llevan a ninguna parte y desde luego no conducen a la liberación del ser humano alienado de hoy, esclavo de su propia libertad, desorientado y alejado de la naturaleza y de su propia naturaleza. Espero que este *Lenguaje de la Biosfera*, segunda parte de la saga *El Detective Ecológico* ayude en alguna medida a abrir mentes y a traer al menos algo de sorpresa y complicidad a la cara del lector. Toda revolución empieza desde la sorpresa.

Alejandro Martínez Abraín, en Esporles (Mallorca) a 28 de julio de 2016.

BIBLIOGRAFÍA

Introducción. Ciencia emotiva, ciencia creativa:

(1) **López Corredoira, M. (2013).** *The twilight of the scientific age.* Brown Walker Press. Boca Ratón (Florida, Estados Unidos).
(2) **Damasio, A. (2010).** *Y el cerebro creó al hombre.* Destino. Barcelona.
(3) **Damasio, A. (2003).** *El error de Descartes: la emoción, la razón y el cerebro humano.* Crítica. Barcelona.
(4) **Martínez-Abraín, A. (2011).** *La poesía del conocimiento.* Quercus, 306: 6-7.
(5) **Wilson, E.O. (2013).** *Letters to a young scientists.* Liveright publishing corporation, New York.
(6) **Ramón y Cajal, S. (2008).** *Reglas y consejos sobre investigación científica: los tónicos de la voluntad.* CSIC. Madrid.

Geo-Bio: la síntesis olvidada:

(1) **Costa, M. y otros autores (2005).** *Los bosques ibéricos: una perspectiva geobotánica.* Planeta. Barcelona.
(2) **Martínez-Abraín, A. y otros autores (2003).** *Modelling temporal and spatial colony-site dynamics in a long-lived seabird.* Population Ecology, 45: 133-139.

El mar entre tierras humanizadas:

(1) **Blondel, J. y Aronson, J. (1999).** *Biology and wildlife of the Mediterranean region.* Oxford University Press. Oxford.
(2) **Blondel, J. y Mourer-Chauviré, C. (1998).** *Evolution and history of the western Palearctic avifauna.* Trends in Ecology and Evolution, 13: 488-492.
(3) **Owen-Smith, N. (1987).** *Pleistocene extinctions: the pivotal role of megaherbivores.* Paleobiology, 13: 351-362.
(4) **Diamond, J. (2006).** *Colapso.* Random House Mondadori. Barcelona.
(5) **Blondel, J. (2006).** *The design of Mediterranean landscapes: a millennial story of humans and ecological systems during the historic period.* Human Ecology, 34: 713-729.
(6) **Alcover, J.A. y otros autores (1992).** *The avifaunas of the isolated Mediterranean islands during the middle and late Pleistocene.* Natural History Museum of Los Angeles County, Science Series, 36: 273-283.
(7) **De Gabriel, J.L. y otros autores (2011).** *The presence of sheep leads to increases in plant diversity and reductions in the impact of deer on heather.* Journal of Applied Ecology, 48: 1.269-1.277.
(8) **Martínez-Abraín, A. (2013).** *¡Qué limpia está mi casita!* Quercus, 330: 6-7.

De tierras y mares:

(1) **Carrete, G. y Wiens, J.J. (2012).** *Why are there so few fish in the sea?* Proceedings of the Royal Society of London Series B, 279: 2.323-2.329.
(2) **Margalef, R. (1997).** *Our Biosphere. Excellence in Ecology,* 10. Ecology Institute. Oldendorf (Alemania).
(3) **Margulis, L. y Sagan, D. (2003).** *Captando genomas.* Kairós. Barcelona.

● ● ●

Cuando las moléculas hablan:

(1) **Lane, N. (2009).** *Los diez grandes inventos de la evolución.* Ariel. Barcelona.

De cómo crear materia viva a partir de la "nada":

(1) **Lane, N. (2009).** *Los diez grandes inventos de la evolución.* Ariel. Barcelona.

Mirar un árbol:

(1) **Prieto, I.; Armas, C. y Pugnaire, F.I. (2013).** *Las plantas redistribuyen el agua acumulada en el suelo.* Quercus, 330: 36-44.
(2) **Amo, L. y otros autores (2013).** *Birds exploit herbivore-induced plant volatiles to locate herbivorous prey.* Ecology Letters 16: 1348-1355.

Como un huevo y una castaña:

(1) **Barlow, C. (2000).** *The ghosts of evolution.* Basic Books. New York.
(2) **Newmark, W.D. (1987).** *A land-bridge island perspective on mammalian extinctions in western North American parks.* Nature, 325: 430-432.
(3) **Pérez-Bañón, C. y otros autores (2007).** *Pollination in small islands by occasional visitors: the case of Daucus carota subsp. communatus (Apiacea) in the Columbretes Archipelago, Spain.* Plant Ecology, 192: 133-151.
(4) **Martínez-Abraín, A. (2014).** *Cómo crear materia viva a partir de la "nada".* Quercus, 339: 6-8.
(5) **Herrera, C.M. (2009).** *Multiplicity in unity.* The University of Chicago Press. Chicago.
(6) **Skinner, M.K. y otros autores (2014).** *Epigenetics and the evolution of Darwin's finches. Genome Biology and Evolution.* Disponible en: Doi:10.1093/gbe/evu158.

Estoy saturado:

(1) **Martínez-Abraín, A. (2014).** *Cómo crear materia viva a partir de la "nada".* Quercus, 339: 6-8.
(2) **Martínez-Abraín, A. (2012).** *La única regla es el cambio.* Quercus, 322: 6-8.

Colmillo blanco:

(1) **Martínez-Abraín, A. (2010).** *Las vitrinas del museo.* Quercus, 298: 6-8.
(2) **Holloway, R.L. (1967).** *Tools and teeth: some speculations regarding canine reduction.* American Anthropologist, 69: 63-67.
(3) **Diamond, J. (1999).** *¿Por qué es divertido el sexo?* Random House Mondadori. Barcelona.
(4) **Cobey, K.D. y otros autores (2013).** *Men perceive their female partners, and themselves, more attractive during ovulation.* Biological Psychology, 94: 513-516.
(5) **Arsuaga, J.L. (2012).** *El primer viaje de nuestra vida.* Ediciones Planeta. Barcelona.
(6) **Kappeler, P.M. y Van Schaik, C.P. (Eds.) (2004).** *Sexual selection in primates: new and comparative perspectives.* Cambridge University Press. Cambridge (UK).
(7) **Havlicek, J.; Roberts, S.C. y Flegr, J. (2005).** *Women's preference for dominant male odour: effects of menstrual cycle and relationship status.* Biology Letters, 22: 256-259.
(8) **Lovejoy, C. (2009).** *Reexamining human origins in light of Ardipithecus ramidus.* Science 326: 74-74.

(9) Vilella et al. (2015). *Hsa-miR-30-d, secreted by the human endometrium, is taken up by the pre-implantation embryo and might modify its transcriptome.* Development 142:3210-3221.

El ojo, menudo collage:

(1) Martínez-Abraín, A. 2015. *Cuando las moléculas hablan.* Quercus 350:6-7.
(2) Martínez-Abraín, A. (2012). *Conocer, lo que se dice conocer...* Quercus, 316: 6-8.

Dientes de gallina, cola de persona:

(1) Gould, S.J. (1984). *Dientes de gallina y dedos de caballo.* Hermann Blume. Madrid.
(2) Ericson, P.G.P. y otros autores (2006). *Diversification of Neoaves: integration of molecular sequence data and fossils.* Biology Letters, 22: 543-547.
(3) McCormack, J.E. (2013). *A phylogeny of birds based on over 1.500 loci collected by target enrichment and high-throughput sequencing.* PLOS ONE, 8: e54848.
(4) Jarvis, E.D. y otros autores (2014). *Whole-genome analyses resolve early branches in the tree of life of modern birds.* Science, 346: 1.320-1.331.
(5) Martínez-Abraín, A. (2011). *Avanzar desacelerando.* Quercus, 300: 6-7.

Híbridos. Cuando el ruido es información:

(1) Martínez-Abraín, A. (2014). *El mar entre tierras... humanizadas.* Quercus, 337: 6-8.
(2) Genovart, M. y otros autores (2005). *Two sibling species sympatrically breeding: a new conservation concern for the critically endangered Balearic shearwater.* Conservation Genetics, 6: 601-606.
(2b) Genovart, M. y otros autores. (2012). *Genetic and phenotypic differentiation between the critically endangered Balearic shearwater and neighboring colonies of its sibling species.* Journal of Heredity 103: 330-341.
(3) Breining, G. (2015). *Coydogs and lynxcats and pizzlies.* Disponible en: http://ensia.com/articles/coydogs-and-lynxcats-and-pizzlies-oh-my/
(4) Arnold, M.L. (2006). *Evolution through genetic exchange.* Oxford University Press. Oxford.

Mutatis mutandis:

(1) Martínez-Abraín, A. (2011). *¿Gradual, puntual o gradual-puntual?* Quercus, 302: 6-7.
(2) Terradas, J. (2014). *Noticias sobre la evolución.* Universidad Autónoma de Barcelona. Barcelona.
(3) Arsuaga, J.L. (2001). *El enigma de la esfinge.* Random House Mondadori. Barcelona.

Naturaleza neolítica:

(1) Herrera, C.M. (1988). *Habitat-shaping, host plant use by a hemiparasitic shrub, and the importance of gut fellows.* Oikos, 51: 383-386.
(2) Herrera, C.M. (1985). *Habitat-consumer interactions in frugivorous birds.* Habitat selection in birds, 341-365. M. Cody (ed.). Academic Press. New York.
(3) Janzen, D.H. (1985). *On ecological fitting.* Oikos, 45: 308-210.

• • •

Rumiando una respuesta:

(1) **Barlow, C. 2000.** *The ghosts of evolution: nonsensical fruit, missing partners, and other ecological anachronisms.* Basic Books, New York.
(2) **Martin, P. S. 2005.** *Twilight of the mammoths: ice age extinctions and the rewilding of America.* California Univesity Press.

No tan obvio:

(1) **Oro, D. y otros autores (2013).** *Ecological and evolutionary implications of food subsidies from humans.* Ecology Letters, 16: 1.501-1.514.
(2) **Arcos, J.M. y Oro, D. (2002).** *Significance of fisheries discards for a threatened Mediterranean seabird, the Balearic shearwater Puffinus mauretanicus.* Marine Ecology Progress Series, 239: 209-220.
(3) **Laneri, K. y otros autores (2011).** *Trawling regime influences longline seabird bycatch: new insights from a small-scale fishery.* Marine Ecology Progress Series, 430: 241-252.
(4) **García-Barcelona, S. y otros autores (2010).** *Modelling abundance and distribution of seabird by-catch in the Spanish Mediterranean longline fishery.* Ardeola, 57: 65-78.
(5) **Sanz, A. y otros autores (2009).** *Evidence-based culling of a facultative predator: efficacy and efficiency components.* Biological Conservation, 142: 424-431.

¿Causa o efecto?:

(1) **Merino, S.; Mínguez, E. y Belliure, B. (1999).** *Ectoparasite effects on nestling European Storm Petrels.* Waterbirds, 22: 297-301.
(2) **Esparza, B. y otros autores (2004).** *Inmunocompetence and the prevalence of haematozoan parasites in two long-lived seabirds.* Ornis Fennica, 81: 40-46.
(3) **Merino, S. y otros autores (2000).** *Are avian blood parasites pathogenic in the wild? A medication experiment in blue tits (Parus caeruleus).* Proceedings of the Royal Society of London B, 267: 2.507-2.510.
(4) **Martínez-Abraín, A. (2008).** *Fotogramas.* Quercus, 270: 6-7.
(5) **Lane, N. (2009).** *Los diez grandes inventos de la evolución.* Ariel. Barcelona.
(6) **Barash, D.P. (1973).** *The ecologist as zen master.* The American Midland Naturalist, 89: 214-217.
(7) **Allendorf, F.W. (1997).** *The conservation biologist as zen student.* Conservation Biology, 11: 1.045-1.046.
(8) **Martínez-Abraín, A. (2012).** *El efecto investigador.* Quercus, 313: 6-7.

¿Refugiados o adoptados?:

(1) **Kerley, G.; Kowalczyk, R. y Cromsigt, M. (2011).** *Conservation implications of the refugee species concept and the European bison: king of the forest or refugee in a marginal habitat?* Ecography, 35: 519-529.
(2) **Martínez-Abraín, A. (2014).** *El detective ecológico.* Ediciones Rodeno. Valencia.
(3) **Martínez-Abraín, A. y Jiménez, J. (2015).** *Anthropogenic areas as incidental substitutes for original habitat.* Conservation Biology, (en prensa). Disponible en DOI: 10.1111/cobi.12644

• • •

No así en invierno como en verano:

(1) **Herrera, C.M. (1979).** *Ecological aspects of heterospecific flock formation in a Mediterranean bird's community.* Oikos, 33: 85-96.
(2) **Martínez-Abraín, A. (1999).** *Patrones de asociación de anátidas durante la invernada en un dormidero del este de España.* Ardeola, 46: 163-169.
(3) **Martínez-Abraín, A. y otros autores (2007).** *Hunting sites as ecological traps for coots in southern Europe: implications for the conservation of a threatened species.* Endangered Species Research, 3: 69-76.

Todo depende:

(1) **Crawford, R.J.M. y otros autores (1989).** *Competition for space: recolonising seals displace endangered, endemic seabirds of Namibia.* Biological Conservation, 48: 59-72.
(2) **Muñoz, A. y otros autores (2009).** *Ungulates, rodents, shrubs: interactions in a diverse Mediterranean ecosystem.* Basic and Applied Ecology, 10: 151-160.
(3) **Rost, J. y otros autores (2012).** *The effect of postfire salvage jogging on bird communities in Mediterranean pine forests: the benefits for declining species.* Journal of Applied Ecology, 49: 644-651.
(4) **McGregor, H.V. y otros autores (2007).** *Rapid 20th-century increase in coastal upwelling off Northwest Africa.* Science, 315: 637-639.
(5) **Weimerskirch, H. y otros autores (2012).** *Changes in wind pattern alter albatross distribution and life history traits.* Science, 335: 211-214.
(6) **Zamora, R. (2000).** *Functional equivalence in plant-animal interactions: ecological and evolutionary consequences.* Oikos, 88: 442-447.
(7) **Martínez-Abraín, A. y Oro, D. (2013).** *Preventing the development of dogmatic approaches in conservation biology: a review.* Biological Conservation, 159: 539-547.
(8) **Martínez-Abraín, A. (2012).** *El efecto investigador.* Quercus, 313: 6-7.
(9) **Laurance, W.F. (2013).** *Does research help to safeguard protected areas?* Trends in Ecology and Evolution, 28: 261-266.
(10) **Martínez-Abraín, A. (2013).** *La regla del veinte.* Quercus, 324: 6-8.
(11) **Martínez-Abraín, A. (2013).** *Después del abandono.* Quercus, 325: 6-8.
(12) **Blondel, J. (2006).** *The design of Mediterranean landscapes: a millennial story of humans and ecological systems during the historic period.* Human Ecology, 34: 713-729.
(13) **Martínez-Abraín, A. (2013).** *Why do ecologists aim to get positive results? Once again, negative results are necessary for better knowledge accumulation.* Animal Biodiversity and Conservation, 36: 33-36.

Naturaleza humanizada:

(1) **Leighton, P.A. y otros autores (2010).** *Conservation and the scarecrow effect: can human activity benefit threatened species by displacing predators?* Biological Conservation, 143: 2.156-2.163.
(2) **Martínez-Abraín, A. (2010).** *Patrones emergentes.* Quercus, 292: 6-7.
(3) **Martínez-Abraín, A. (2010).** *Flexibilidad.* Quercus, 288: 6-7.
(4) **Martínez-Abraín, A. (2009).** *Gestionar el miedo.* Quercus, 278: 6-7.
(5) http://en.wikipedia.org/wiki/Reconciliation_ecology
(6) **Martínez-Abraín, A. (2012).** *Torpezas y trucos.* Quercus, 317: 6-8.

(7) **Mosterín, J. (2006).** *La naturaleza humana.* Espasa-Calpe. Madrid.

El ecólogo en la tienda de comestibles:

(1) **Herrera, C.M. (2011).** *¿De dónde salieron todas esas "malas hierbas"?* Quercus, 299: 6-7.
(2) **Valdeyron, G. y Lloyd, D.G. (1979).** *Sex differences and flowering phenology in the common fig, Ficus carica L.* Evolution, 33: 673-685.
(3) **Barlow, C. (2000).** *The ghosts of evolution.* Basic Books. New York.
(4) **Martínez-Abraín, A. (2015).** *Rumiando una respuesta.* Quercus, 348: 6-7.

Subjetividad y conservación de la naturaleza:

(1) **Slobodkin, L.B. (2001).** *The good, the bad and the reified.* Evolutionary Ecology Research, 3: 1-13.

Caminos sin retorno:

(1) **Pagel, J. y otros autores (2014).** *A long-term land-bridge island analysis of a Mediterranean waterbird metacommunity: conservation implications.* PLOS ONE 9: e105202.
(2) **Margalef, R. (1997).** *Our Biosphere.* Excellence in Ecology, 10. Ecology Institute. Berlín.
(3) **Oro, D. y otros autores (2011).** *Lessons from a failed translocation program with a seabird species: Determinants of success and conservation value.* Biological Conservation 144: 851-858.
(4) **Wilson, E.O. (1994).** *La diversidad de la vida.* Editorial Crítica. Barcelona.

¡Cuéntame!:

(1) **Bibby, C.J. y otros autores (2000).** *Bird census techniques.* Academic Press. London.
(2) **Tellería, J.L. (1986).** *Manual para el censo de los vertebrados terrestres.* Raíces. Madrid.
(3) **Thalinger, B. y otros autores (2015).** *Molecular prey identification in Central European piscivores.* Molecular Ecology Resources. Disponible en Doi:10.1111/1755-0998.12436

¿Tienes fuego?:

(1) **Pérez Pintos, X. (2009).** *Historia contemporánea da destrucción da natureza en Galicia.* Edicions A Nosa Terra.
(2) **Martínez-Abraín, A. (2009).** *Paisajes inventados.* Quercus, 282:6-7.
(3) **Fernández-Olalla, M. y colaboradores. (2012).** *Assessing different management scenarios to reverse the decline of a relict capercaillie population: A modelling approach within an adaptive framework.* Biological Conservation, 148:79-87.

El paradigma cambiante:

(1) **Diamond, J. (2013).** *El mundo hasta ayer.* Debate. Barcelona.
(2) **Martínez-Abraín, A. (2016).** *¿Tienes fuego?* Quercus, 365: 6-8.
(3) **Deryabina, T.G. y otros autores (2015).** *Long-term census data reveal abundant wildlife populations at Chernobyl.* Current Biology, 25: R811-R826.
(4) **Martínez-Abraín, A. (2014).** *Todo depende.* Quercus, 344: 6-8.